westermann

Dipl.-Kfm. Dipl.-Hdl. Manfred Deitermann, Dipl.-Hdl. Wolf-Dieter Rückwart, Diplom-Ökonomin Prof. Dr. Susanne Stobbe, Oberstudiendirektor Björn Flader

Rechnungswesen für Industriekaufleute

Arbeitsheft

13. Auflage

Bestellnummer 37265

Bildquellenverzeichnis

|**Clipdealer GmbH, München:** styleuneed 158.1.
|**fotolia.com, New York:** artisan263 86.1; fischer-cg.de 107.1.
|**Hild, Claudia, Angelburg:** 33.1, 33.2, 55.1, 56.1, 57.1, 57.2, 57.3, 58.1, 58.2, 59.1, 59.2, 60.1, 60.2, 61.1, 61.2, 61.3, 62.1, 63.1, 63.2, 64.1, 65.1, 65.2, 65.3, 71.1, 71.2, 170.1, 170.2, 171.1, 171.2, 172.1, 172.2, 173.1, 173.2, 174.1, 174.2, 175.1, 175.2, 176.1, 176.2, 177.1, 177.2, 178.1, 178.2, 179.1, 179.2, 181.2, 181.3.
|**Ringhut, Daniela, Dreieich:** 181.1.
|**stock.adobe.com, Dublin:** itchaznong Titel; rod5150 1.1.

www.westermann.de

Druck und Bindung: Westermann Druck GmbH, Georg-Westermann-Allee 66, 38104 Braunschweig

ISBN 978-3-427-**37265**-3

Vorwort

Das vorliegende Arbeitsheft ist nach den das Rechnungswesen betreffenden Lernfeldern des aktuellen Rahmenlehrplans für Industriekaufleute gegliedert. Innerhalb der Lernfelder ist es nach den im Schülerbuch verwendeten Kapiteln unterteilt.

Das Arbeitsheft enthält innerhalb der einzelnen Kapitel zunächst die Handlungssituationen mit zugehörigen Arbeitsaufträgen. Im Anschluss an die Handlungssituationen folgen die Arbeitshilfen zur Lösung der umfangreicheren Aufgaben des Lehrbuchs (Konten, Belege, Tabellen, Formulare der Aufgaben). Zwei Beleggeschäftsgänge sind im Anschluss an die Unterlagen zu den Lernfeldern 5 und 10 zu finden.

Die Handlungssituationen und Beleggeschäftsgänge sind an die berufliche Praxis der Auszubildenden angelehnt. Sie beinhalten betriebswirtschaftliche Fragestellungen, die sich an Beispielunternehmen orientieren, von denen zwei im Lehrbuch „Rechnungswesen für Industriekaufleute“ vorgestellt werden (Thomas Berg KG, Kunststoffwerk Ilmenau GmbH). Ein drittes Unternehmen (Klaus Heidtkötter KG) wird im vorliegenden Arbeitsheft ab Seite 108 erläutert.

Ziel des Arbeitshefts ist es, den Auszubildenden Aufgaben und Handlungssituationen an die Hand zu geben, die dem selbstständigen/gruppenbezogenen Erarbeiten und Festigen schulischer und prüfungsrelevanter Themen sowie der Erweiterung ihrer fachlichen Kompetenzen dienen.

Björn Flader
Wolf-Dieter Rückwart
Dr. Susanne Stobbe

LERNFELD 5 WERTSTRÖME BUCHHALTERISCH DOKUMENTIEREN UND AUSWERTEN

LERNFELD 8 KOSTEN- UND LEISTUNGSRECHNUNG ZUR VORBEREITUNG UNTERNEHMERISCHER ENTSCHEIDUNGEN DURCHFÜHREN

JAHRESABSCHLUSS VORBEREITEN, AUSWERTEN UND FÜR FINANZIERUNGSENTSCHEIDUNGEN NUTZEN — LERNFELD 10

Wertströme buchhalterisch dokumentieren und auswerten

Inventur, Inventar und Bilanz 2

Bilanz 2.4

- Bilanzaufbau
- Bilanzstruktur
- Bilanzbeurteilung

THEMENPAKET

Inhalte

Situation

In der Werkzeugfabrik Ralf Vogel e. K. ist zum 31. Dezember .. eine Stichtagsinventur durchgeführt worden. Auf der Grundlage der Inventurergebnisse wurde in der Buchhaltung ein Inventar aufgestellt. Die Abteilungsleiterin, Frau Wulf, soll dem Inhaber des Unternehmens für ein Gespräch mit der Hausbank die Bilanz zum 31. Dezember 01 sowie einige Bilanzkennzahlen zur Verfügung stellen.

Frau Wulf übergibt Ihnen folgende Aufstellung mit Gesamtwerten, die auf der Grundlage des Inventars zum 31. Dezember .. ermittelt wurden:

	€
Roh-, Hilfs- und Betriebsstoffe	320.000,00
Verbindlichkeiten a. LL	90.000,00
Kassenbestand	4.000,00
Forderungen a. LL	70.000,00
Grundstücke und Gebäude	400.000,00
Darlehensschulden	150.000,00
Bankguthaben	96.000,00
Hypothekenschulden	210.000,00
Betriebs- und Geschäftsausstattung	170.000,00

ARBEITSAUFTRÄGE

1. Stellen Sie eine ordnungsgemäß gegliederte Bilanz zum 31. Dezember .. auf.

Bilanz zum 31. Dezember ..
Werkzeugfabrik Ralf Vogel e. K.

Aktiva			Passiva
I. Anlagevermögen		**I. Eigenkapital**	
		II. Fremdkapital	
II. Umlaufvermögen			

2 Stellen Sie die Vermögensstruktur und die Kapitalstruktur des Unternehmens dar und ermitteln Sie jeweils den prozentualen Anteil des Anlage- und Umlaufvermögens sowie des Eigen- und Fremdkapitals am Gesamtvermögen bzw. am Gesamtkapital (Bilanzsumme).

Aktiva | **Passiva**

Vermögensstruktur		%	**Kapitalstruktur**		%
Anlagevermögen			Eigenkapital		
Umlaufvermögen			Fremdkapital		
Gesamtvermögen			**Gesamtkapital**		

3 Berechnen Sie, wie viel Eigenkapital nach der Deckung des Anlagevermögens noch für die Finanzierung des Umlaufvermögens verbleibt.

4 Wie beurteilen Sie die Kapitalausstattung (Finanzierung) des Unternehmens?

5 Überlegen Sie, welche Vorteile die Eigenkapitalausstattung für das Unternehmen Werkzeugfabrik Ralf Vogel e. K. mit sich bringt.

Schemata zu den Aufgaben des Lehrbuchs

2 Inventur, Inventar und Bilanz

Aufgabe 7

Inventar
der Möbelfabrik Peter Lenz e. K., Frankfurt, zum 31. Dezember ..

A. Vermögen		
I. Anlagevermögen		
II. Umlaufvermögen		
Summe des Vermögens		
B. Schulden (Verbindlichkeiten)		
I. Langfristige Verbindlichkeiten		
II. Kurzfristige Verbindlichkeiten		
Summe der Schulden		
C. Eigenkapital (Reinvermögen)		

Inventare
der Textilfabrik Werner Gruppe e. K., Essen

	31. Dezember 01		31. Dezember 02	
A. Vermögen				
I. Anlagevermögen				
II. Umlaufvermögen				
Summe des Vermögens				
B. Schulden (Verbindlichkeiten)				
I. Langfristige Verbindlichkeiten				
II. Kurzfristige Verbindlichkeiten				
Summe der Schulden				
C. Eigenkapital (Reinvermögen)				

2 Inventur, Inventar und Bilanz — Aufgabe 11 + 12

Erfolgsermittlung	11	12
Eigenkapital zum 31. Dez. 02		
– Eigenkapital vom 31. Dez. 01		
= EK-Erhöhung/-Minderung		
+ Privatentnahmen		
– Privateinlagen		
= **Gewinn/Verlust**		

2 Inventur, Inventar und Bilanz — Aufgabe 13

Bilanz zum 31. Dezember ..
Stofffabrik Malik Demirkan

Aktiva			Passiva

Vermögensstruktur		%	**Kapitalstruktur**		%
Anlagevermögen			Eigenkapital		
Umlaufvermögen			Fremdkapital		
Gesamtvermögen			**Gesamtkapital**		

2 Inventur, Inventar und Bilanz — Aufgabe 14

Bilanz zum 31. Dezember ..
Furnierfabrik Karin Fest e. Kffr.

Aktiva			Passiva
I. Anlagevermögen		**I. Eigenkapital**	
		II. Fremdkapital	
II. Umlaufvermögen			

Aktiva					Passiva
Vermögensstruktur		%	**Kapitalstruktur**		%
Anlagevermögen			Eigenkapital		
Umlaufvermögen			Fremdkapital		
Gesamtvermögen			**Gesamtkapital**		

2 Inventur, Inventar und Bilanz

Aufgabe 15

Bilanz zum 31. Dezember ..
Möbelfabrik Peter Lenz e. K., Frankfurt

Aktiva	Passiva

Aktiva					Passiva
Vermögensstruktur		%	**Kapitalstruktur**		%
Anlagevermögen			Eigenkapital		
Umlaufvermögen			Fremdkapital		
Gesamtvermögen			**Gesamtkapital**		

Bilanz zum 31. Dezember 01
Textilfabrik Werner Gruppe e. K., Essen

Aktiva	Passiva

Aktiva					Passiva
Vermögensstruktur		%	**Kapitalstruktur**		%
Anlagevermögen			Eigenkapital		
Umlaufvermögen			Fremdkapital		
Gesamtvermögen			**Gesamtkapital**		

Bilanz zum 31. Dezember 02
Textilfabrik Werner Gruppe e. K., Essen

Aktiva	Passiva

Aktiva					Passiva
Vermögensstruktur		%	**Kapitalstruktur**		%
Anlagevermögen			Eigenkapital		
Umlaufvermögen			Fremdkapital		
Gesamtvermögen			**Gesamtkapital**		

3 Buchen von Geschäftsfällen auf Konten

3.6 Zusammenhang zwischen Eröffnungs- und Schlussbilanz

THEMENPAKET Inhalte

- Einrichtung und Eröffnung von Konten
- Abschluss von Erfolgskonten
- Buchen von Geschäftsfällen
- Abschluss von Bestandskonten

Situation

Bei der Luisa Bravo Kosmetika e. K. möchte die Inhaberin von der Buchhaltung einen Zwischenabschluss zum 31. Januar 01 erstellen lassen, um einen zeitnahen Überblick zur Geschäftsentwicklung im neuen Geschäftsjahr zu erhalten.

Zum 31. Dezember des Vorjahres waren die Bestandskonten mit folgenden Salden abgeschlossen worden, mit denen die Aktiv- und Passivkonten zum 01. Januar 01 zu eröffnen sind:

Anfangsbestände	€		€
Techn. Anlagen und Masch.	150.000,00	Bankguthaben	25.000,00
Rohstoffe	60.000,00	Kassenbestand	3.000,00
Hilfsstoffe	30.000,00	Eigenkapital	200.000,00
Betriebsstoffe	15.000,00	Darlehensschulden	60.000,00
Forderungen a. LL	10.000,00	Verbindlichkeiten a. LL	33.000,00

In der Luisa Bravo Kosmetika e. K. werden folgende Bestands- und Erfolgskonten geführt:

Bestandskonten: Eröffnungsbilanzkonto, TA und Maschinen, Rohstoffe, Hilfsstoffe, Betriebsstoffe, Forderungen a. LL, Bank, Kasse, Darlehensschulden, Verbindlichkeiten a. LL, Eigenkapital, Schlussbilanzkonto;

Erfolgskonten: Aufwendungen für Rohstoffe, Aufwendungen für Hilfsstoffe, Aufwendungen für Betriebsstoffe, Löhne, Gehälter, Büromaterial, Werbeaufwendungen, Mietaufwendungen, Fremdinstandhaltung, Kosten der Telekommunikation, Umsatzerlöse für eigene Erzeugnisse, Zinserträge, GuV-Konto.

ARBEITSAUFTRÄGE

1. Eröffnen Sie die Bestandskonten mit den Anfangsbeständen über das Eröffnungsbilanzkonto (EBK). Nennen Sie den Buchungssatz für die Eröffnung von Aktivkonten und den Buchungssatz für die Eröffnung von Passivkonten mit den Summen der jeweils gebuchten Beträge.

Eröffnungsbuchungen der Aktiv-/Passivkonten			**Soll**	**Haben**
	an			
	an			

S **Eröffnungsbilanzkonto** H

S **TA und Maschinen** H

S **Rohstoffe** H

S **Hilfsstoffe** H

S **Betriebsstoffe** H

S **Forderungen a. LL** H

S **Kasse** H

S **Bankguthaben** H

S **Darlehensschulden** H

S **Verbindlichkeiten a. LL** H

S **Umsatzerlöse für eigene Erzeugnisse** H

S **Zinserträge** H

S **Aufwendungen für Rohstoffe** H

S **Aufwendungen für Hilfsstoffe** H

S **Aufwendungen für Betriebsstoffe** H

S **Löhne** H

S **Gehälter** H

S **Büromaterial** H

S **Werbeaufwendungen** H

S **Mietaufwendungen** H

S **Fremdinstandhaltung** H

S **Kosten der Telekommunikation** H

S Gewinn- und Verlustkonto	H

S Eigenkapital	H

S Schlussbilanzkonto	H

Situation

Im Monat Januar 01 sind bei der Luisa Bravo Kosmetika e. K. folgende Geschäftsfälle angefallen, die in der Buchführung zu erfassen sind:

Nr.	Geschäftsfall	€
1.	Zieleinkauf von Rohstoffen lt. ER	4.500,00
	von Hilfsstoffen lt. ER	1.500,00
	von Betriebsstoffen lt. ER	1.200,00
2.	Barkauf von Büromaterial lt. KB	250,00
3.	Banküberweisung für Maschinenreparatur lt. KA	400,00
4.	Verkauf von eigenen Erzeugnissen lt. AR auf Ziel	19.500,00
	gegen Barzahlung	700,00
5.	Lt. KA Banküberweisung für Löhne	8.700,00
	für Gehälter	4.300,00
6.	Lt. KA Banküberweisung von Kunden	9.500,00
7.	Kontoauszug: Banküberweisung für Miete	1.800,00
	für Telekommunikationskosten	350,00
	für Werbeanzeigen	780,00
	für Lieferantenrechnung	4.520,00
8.	Verkauf aller eigenen Erzeugnisse auf Ziel lt. AR	38.000,00
9.	Bank schreibt lt. KA Zinsen gut	600,00
10.	Materialentnahmescheine für Rohstoffe	36.500,00
	für Hilfsstoffe	8.800,00
	für Betriebsstoffe	4.600,00

ARBEITSAUFTRÄGE

2 Bilden Sie die Buchungssätze zu den einzelnen Geschäftsfällen (Grundbuch).

Laufende Buchungen		**Soll**	**Haben**
1.			
	an		
2.			
	an		
3.			
	an		
4.			
	an		
5.			
	an		
6.			
	an		
7.			
	an		
8.			
	an		
9.			
	an		
10.			
	an		
	an		
	an		

3 Übertragen Sie die Buchungen auf die Bestands- und Erfolgskonten (Hauptbuch).

4 Schließen Sie die Erfolgskonten über das GuV-Konto ab und übertragen Sie den Gewinn oder Verlust auf das Eigenkapitalkonto. Nennen Sie den Buchungssatz für

- den Abschluss von Aufwandskonten,
- den Abschluss von Ertragskonten und
- den Abschluss des GuV-Kontos

mit den Summen der jeweils gebuchten Beträge.

Abschlussbuchungen von Aufwands- und Ertragskonten sowie dem GuV-Konto			Soll	Haben
	an			
	an			
	an			

5 Schließen Sie die Bestandskonten über das Schlussbilanzkonto ab. Die Buchwerte der Bestandskonten entsprechen den Inventurwerten. Nennen Sie den Buchungssatz für den Abschluss von Aktivkonten und den Buchungssatz für den Abschluss von Passivkonten mit den jeweils gebuchten Gesamtsummen.

Abschlussbuchungen von Aktiv- und Passivkonten			Soll	Haben
	an			
	an			

6 Analysieren Sie, worauf der Verlust des Unternehmens zurückzuführen sein könnte und schlagen Sie Maßnahmen zur Verbesserung des Unternehmenserfolgs vor.

Schemata zu den Aufgaben des Lehrbuchs

3 Buchen von Geschäftsfällen auf Konten

Aufgabe 1

	Bilanzposten	+ / -	Aktiv-/Passivposten	Bilanzveränderung	Auswirkung Bilanzsumme
1.					
2.					
3.					
4.					
5.					
6.					
7.					
8.					
9.					
10.					
11.					

3 Buchen von Geschäftsfällen auf Konten

Aufgabe 2

Aktiva	Eröffnungsbilanz Passiva

Aktiva	Bilanz 1 Passiva

Aktiva	Bilanz 2 Passiva

Aktiva	Bilanz 3 Passiva

Aktiva	Bilanz 4 Passiva

3 Buchen von Geschäftsfällen auf Konten

Aufgabe 4

Aktiva	Eröffnungsbilanz		Passiva

S	Technische Anlagen (TA) und Maschinen H

S	Betriebs- und Geschäftsausstattung (BGA) H

S	Rohstoffe H

S	Forderungen a. LL H

S	Kasse H

S	Bankguthaben H

S	Eigenkapital H

S	Darlehensschulden H

S	Verbindlichkeiten a. LL H

Aktiva	Schlussbilanz		Passiva

3 Buchen von Geschäftsfällen auf Konten

Aufgabe 5

Aktiva	Eröffnungsbilanz		Passiva

S	TA und Maschinen	H

S	Betriebs- und Geschäftsausstattung (BGA)	H

S	Rohstoffe	H

S	Forderungen a. LL	H

S	Kasse	H

S	Bankguthaben	H

S	Eigenkapital	H

S	Darlehensschulden	H

S	Verbindlichkeiten a. LL	H

Aktiva	Schlussbilanz		Passiva

3 Buchen von Geschäftsfällen auf Konten

Aufgabe 9

Grundbuch der Thomas Berg KG

Nr.	Beleg	Buchungssatz	Soll	Haben
Summen:				

3 Buchen von Geschäftsfällen auf Konten

Aufgabe 12

Nr.	Beleg	Buchungssatz	Soll	Haben
Summen:				

3 Buchen von Geschäftsfällen auf Konten

Aufgabe 13

	Grundbuch		
Nr.	**Buchungssatz**	**Soll**	**Haben**
Summen:			

3 Buchen von Geschäftsfällen auf Konten

Aufgabe 15

Aktiva **Eröffnungsbilanz** Passiva

S **Eröffnungsbilanzkonto** H

S **Grundstücke und Gebäude** H

S **TA und Maschinen** H

S **Betriebs- und Geschäftsausstattung** H

S **Rohstoffe** H

S **Hilfsstoffe** H

S **Forderungen a. LL** H

S **Kasse** H

S **Bankguthaben** H

S **Verbindlichkeiten a. LL** H

S **Eigenkapital** H

S **Schlussbilanzkonto** H

Aktiva **Schlussbilanz** Passiva

3 Buchen von Geschäftsfällen auf Konten

Aufgabe 19

S	Aufwendungen für Rohstoffe	H

S	Aufwendungen für Hilfsstoffe	H

S	Fremdinstandhaltung	H

S	Löhne	H

S	Gehälter	H

S	Büromaterial	H

S	Portokosten	H

S	Kraftfahrzeugsteuer	H

S	Zinsaufwendungen	H

S	Umsatzerlöse für eigene Erzeugnisse	H

S	Mieterträge	H

S	Provisionserträge	H

S	Zinserträge	H

S	Gewinn- und Verlustkonto	H

S	Eigenkapital	H

3 Buchen von Geschäftsfällen auf Konten

Aufgabe 23

Rohstoffe

S	H
350.000,00	220.000,00

Hilfsstoffe

S	H
60.000,00	45.000,00

Betriebsstoffe

S	H
42.000,00	31.000,00

Forderungen a. LL

S	H
799.000,00	610.000,00

Bankguthaben

S	H
850.000,00	595.000,00

Verbindlichkeiten a. LL

S	H
218.000,00	297.000,00

Aufwendungen für Rohstoffe

S	H
220.000,00	

Aufwendungen für Hilfsstoffe

S	H
45.000,00	

Aufwendungen für Betriebsstoffe

S	H
31.000,00	

Löhne

S	H
285.000,00	

Gehälter

S	H
198.000,00	

Mietaufwendungen

S	H
160.000,00	

Umsatzerlöse für eigene Erzeugnisse

S	H
	610.000,00

Gewinn- und Verlustkonto

S	H

Eigenkapital

S	H
	850.000,00

Schlussbilanzkonto

S	H

3 Buchen von Geschäftsfällen auf Konten

Aufgabe 25

Rohstoffe

S	H
75.000,00	

Hilfsstoffe

S	H
25.000,00	

Forderungen a. LL

S	H
23.000,00	

Bankguthaben

S	H
54.000,00	

Verbindlichkeiten a. LL

S	H
	57.500,00

Zinserträge

S	H

Umsatzerlöse für eigene Erzeugnisse

S	H

Aufwendungen für Rohstoffe

S	H

Aufwendungen für Hilfsstoffe

S	H

Löhne

S	H

Mietaufwendungen

S	H

Büromaterial

S	H

Fremdinstandhaltung

S	H

Gewinn- und Verlustkonto

S	H

Eigenkapital

S	H
	119.500,00

Schlussbilanzkonto

S	H

Umsatzsteuer bei Lieferungen und sonstigen Leistungen 4

- Buchen von Geschäftsfällen mit Umsatzsteuer
- Abschluss von Erfolgs- und Bestandskonten
- Ermittlung der Umsatzsteuerzahllast
- Erstellung der USt-Voranmeldung

THEMENPAKET
Inhalte

Situation

Die Naturholzmöbel Lukas Schreiner e. K. stellt individuelle Möbel aus Naturholz nach Kundenwunsch her. In der Buchhaltung des Unternehmens soll zum 31. Januar .. ein Zwischenabschluss aufgestellt werden. Hierzu sind noch einige ausstehende Buchungen zu erfassen. Außerdem muss anschließend die Umsatzsteuervoranmeldung für den Monat Januar .. vorbereitet und an das Finanzamt übermittelt werden.

Die im Unternehmen geführten Bestands-, Erfolgs- und Abschlusskonten sind im Folgenden aufgeführt. Die Bestandskonten enthalten die aktuellen Bestände, auf den Erfolgskonten wurde bisher nicht gebucht.

TA und Maschinen

S	H
136.000,00	

Betriebs- und Geschäftsausstattung

S	H
64.000,00	

Rohstoffe

S	H
128.000,00	

Hilfsstoffe

S	H
20.000,00	

Forderungen a. LL

S	H
34.000,00	

Vorsteuer

S	H

Bank

S	H
35.000,00	

Kasse

S	H
6.000,00	

Verbindlichkeiten a. LL

S	H
	43.000,00

Umsatzsteuer

S	H

Umsatzerlöse für eigene Erzeugnisse

S	H

Aufwendungen für Rohstoffe

S	H

Aufwendungen für Hilfsstoffe

S	H

S	Löhne	H

S	Büromaterial	H

S	Gewinn- und Verlustkonto	H

S	Eigenkapital	H
		380.000,00

S	Schlussbilanzkonto	H

Situation

Vor der Aufstellung des Zwischenabschlusses zum 31. Januar .. sind bei der Naturholzmöbel Lukas Schreiner e. K. noch folgende Geschäftsfälle zu buchen:

		€
1.	ER 11–14: Zieleinkauf von Rohstoffen, Nettopreis	11.000,00
	+ Umsatzsteuer	2.090,00
	Rechnungsbeträge	13.090,00
2.	ER 15: Kauf einer EDV-Anlage, Nettopreis	40.000,00
	+ Umsatzsteuer	7.600,00
	Rechnungsbetrag	47.600,00
3.	KA 1: Banküberweisung an Lieferanten, Rechnungsbeträge	8.925,00
4.	KA 2: Überweisung von Löhnen	14.400,00
5.	ER 16: Kauf von Hilfsstoffen, Nettopreis	2.500,00
	+ Umsatzsteuer	475,00
	Rechnungsbetrag	2.975,00
6.	AR 10–12: Verkauf von eigenen Erzeugnissen, Nettopreis	23.000,00
	+ Umsatzsteuer	4.370,00
	Rechnungsbeträge	27.370,00
7.	KA 3: Banküberweisung von Kunden, Rechnungsbeträge	5.950,00
8.	AR 13–18: Verkauf von eigenen Erzeugnissen, Nettopreis	60.400,00
	+ Umsatzsteuer	11.476,00
	Rechnungsbeträge	71.876,00
9.	KA 4: Banküberweisung für ER 15, vgl. Geschäftsfall 2	47.600,00
10.	KB 9: Barkauf von Büromaterial	800,00
	+ Umsatzsteuer	152,00
	Rechnungsbetrag	952,00
11.	ME 1: Verbrauch von Rohstoffen	60.000,00
	ME 2: Verbrauch von Hilfsstoffen	12.000,00

ARBEITSAUFTRÄGE

1 Bilden Sie die Buchungssätze zu den einzelnen Geschäftsfällen (Grundbuch).

Laufende Buchungen		Soll	Haben
1.			
2.			
3.			
4.			
5.			
6.			
7.			
8.			
9.			
10.			
11.			

2 Übertragen Sie die Buchungen auf die Bestands- und Erfolgskonten (Hauptbuch).

3 Ermitteln Sie die Umsatzsteuerzahllast, indem Sie das Vorsteuerkonto abschließen.

Vorbereitende Abschlussbuchung: USt/VSt			**Soll**	**Haben**
	an			

4 Schließen Sie die Erfolgskonten über das GuV-Konto ab und übertragen Sie den Gewinn oder Verlust auf das Eigenkapitalkonto. Nennen Sie den Buchungssatz für

- den Abschluss von Aufwandskonten,
- den Abschluss von Ertragskonten und
- den Abschluss des GuV-Kontos

mit den Summen der jeweils gebuchten Beträge.

Abschlussbuchungen von Aufwands- und Ertragskonten sowie dem GuV-Konto			**Soll**	**Haben**
	an			
	an			
	an			

5 Schließen Sie die Bestandskonten über das Schlussbilanzkonto ab. Die Buchwerte der Bestandskonten entsprechen den Inventurwerten. Nennen Sie den Buchungssatz für den Abschluss von Aktivkonten und den Buchungssatz für den Abschluss von Passivkonten mit den jeweils gebuchten Gesamtsummen.

Abschlussbuchungen von Aktiv- und Passivkonten			**Soll**	**Haben**
	an			
	an			

6 Ergänzen Sie die Umsatzsteuervoranmeldung mit den Werten der Naturholzmöbel Lukas Schreiner e.K. zum 31. Januar ..

30 Eingangsstempel oder -datum

Finanzamt

Finanzamt Gelnhausen
Frankfurter Straße 14

63571 Gelnhausen

Unternehmer – ggf. abweichende Firmenbezeichnung – Anschrift – Telefon – E-Mail-Adresse

Naturholzmöbel Lukas Schreiner e. K.
Brüder-Grimm-Straße 102
36396 Steinau an der Straße
Tel.: 06660/5060 service@moebel-schreiner-wvd.de

Umsatzsteuer-Voranmeldung 20 ..

Voranmeldungszeitraum

bei **monatlicher** Abgabe bitte ankreuzen | bei **vierteljährlicher** Abgabe bitte ankreuzen

.. 01	Jan.		.. 07	Juli		.. 41	I. Kalendervierteljahr	
.. 02	Feb.		.. 08	Aug.		.. 42	II. Kalendervierteljahr	
.. 03	März		.. 09	Sept.		.. 43	III. Kalendervierteljahr	
.. 04	April		.. 10	Okt.		.. 44	IV. Kalendervierteljahr	
.. 05	Mai		.. 11	Nov.				
.. 06	Juni		.. 12	Dez.				

Berichtigte Anmeldung (falls ja, bitte eine „1" eintragen) **10**

Belege (Verträge, Rechnungen usw.) sind beigefügt bzw. werden gesondert eingereicht (falls ja, bitte eine „1" eintragen) **22**

I. Anmeldung der Umsatzsteuer-Vorauszahlung

Lieferungen und sonstige Leistungen (einschließlich unentgeltlicher Wertabgaben)		Bemessungsgrundlage ohne Umsatzsteuer volle EUR	Ct		Steuer EUR	Ct
Steuerfreie Umsätze mit Vorsteuerabzug Innergemeinschaftliche Lieferungen (§ 4 Nr. 1 Buchst. b UStG) an Abnehmer mit USt-IdNr.	**41**		–			
Steuerpflichtige Umsätze (Lieferungen und sonstige Leistungen einschl. unentgeltlicher Wertabgaben)						
zum Steuersatz von 19 %	**81**		–			
zum Steuersatz von 7 %	**86**		–			

Steuer infolge Wechsels der Besteuerungsform sowie Nachsteuer auf versteuerte Anzahlungen u. ä. wegen Steuersatzänderung	**65**		
Umsatzsteuer			
Abziehbare Vorsteuerbeträge			
Vorsteuerbeträge aus Rechnungen von anderen Unternehmern (§ 15 Abs. 1 Satz 1 Nr. 1 UStG), aus Leistungen im Sinne des § 13a Abs. 1 Nr. 6 UStG (§ 15 Abs. 1 Satz 1 Nr. 5 UStG) und aus innergemeinschaftlichen Dreiecksgeschäften (§ 25b Abs. 5 UStG)	**66**		
Vorsteuerbeträge aus dem innergemeinschaftlichen Erwerb von Gegenständen (§ 15 Abs. 1 Satz 1 Nr. 3 UStG)	**61**		

Umsatzsteuer-Vorauszahlung/Überschuss			
Abzug der festgesetzten **Sondervorauszahlung** für Dauerfristverlängerung (nur auszufüllen in der letzten Voranmeldung des Besteuerungszeitraums, in der Regel Dezember)	**39**		
Verbleibende Umsatzsteuer-Vorauszahlung .... **(bitte in jedem Fall ausfüllen)** **Verbleibender Überschuss** - bitte dem Betrag ein Minuszeichen voranstellen -	**83**		

7 Bis zum welchem Zeitpunkt muss die Naturholzmöbel Lukas Schreiner e. K. die Umsatzsteuervoranmeldung beim Finanzamt eingereicht und die Umsatzsteuerzahllast beglichen haben?

5 Planmäßige Abschreibung des Anlagevermögens

Schemata zu den Aufgaben des Lehrbuchs

5 Planmäßige Abschreibung des Anlagevermögens — Aufgabe 18

TA und Maschinen

S	H
120.000,00	

Betriebs- und Geschäftsausstattung

S	H
35.000,00	

Fuhrpark

S	H
30.000,00	

Rohstoffe

S	H
44.000,00	

Forderungen a. LL

S	H
9.000,00	

Vorsteuer

S	H

Bank

S	H
48.000,00	

Kasse

S	H
8.000,00	

Umsatzsteuer

S	H

Aufwendungen für Rohstoffe

S	H

Löhne

S	H

Betriebliche Steuern

S	H

Abschreibungen auf Sachanlagen

S	H

Umsatzerlöse für eigene Erzeugnisse

S	H

Gewinn- und Verlustkonto

S	H

Eigenkapital

S	H
	240.000,00

S	Darlehensschulden	H
	30.000,00	

S	Verbindlichkeiten a. LL	H
	24.000,00	

S	Schlussbilanzkonto	H

Privatentnahmen und Privateinlagen 6

Schemata zu den Aufgaben des Lehrbuchs

6 Privatentnahmen und Privateinlagen — **Aufgabe 7**

S	TA und Maschinen	H
300.000,00		

S	Betriebs- und Geschäftsausstattung (BGA)	H
120.000,00		

S	Rohstoffe	H
230.000,00		

S	Forderungen a. LL	H
115.000,00		

S	Vorsteuer	H

S	Umsatzsteuer	H

S	Umsatzerlöse für eigene Erzeugnisse	H

S	Zinserträge	H

S	Aufwendungen für Rohstoffe	H

S	Löhne	H

S	Fremdinstandhaltung	H

S	Abschreibungen auf Sachanlagen	H

S	Büromaterial	H

S	Privat	H

S	Bank	H
82.000,00		

S	Gewinn- und Verlustkonto	H

S	Kasse	H
12.000,00		

S	Eigenkapital	H
		400.000,00

S	Darlehensschulden	H
		286.500,00

S	Schlussbilanzkonto	H

S	Verbindlichkeiten a. LL	H
		172.500,00

Organisation der Finanzbuchhaltung 7

Schemata zu den Aufgaben des Lehrbuchs

7 Organisation der Finanzbuchhaltung — Aufgabe 10

2400 Forderungen a. LL

S	H
77.350,00	

5000 Umsatzerlöse für eigene Erzeugnisse

S	H

10001 Computer GmbH

S	H

4800 Umsatzsteuer

S	H

10002 Synon AG

S	H

2800 Bank

S	H
109.500,00	

Kunden-Saldenliste

Konto-Nr.	Kunden	Salden
Summe		

7 Organisation der Finanzbuchhaltung — Aufgabe 11

2000 Rohstoffe

S	H

4400 Verbindlichkeiten a. LL

S	H
	111.860,00

60001 Walzwerke Sauerland AG

S	H

2600 Vorsteuer

S	H

60002 Stahlhandel Brückner GmbH

S	H

2800 Bank

S	H
167.000,00	

Lieferanten-Saldenliste

Konto-Nr.	Lieferant	Salden
Summe		

Grundbuch (Journal)

AR (Ausgangsrechnung) ER (Eingangsrechnung) PE (Privatentnahmebeleg)
BA (Bankauszug) PA (Postbankauszug) SB (Sonstige Belege)
KB (Kassenbeleg) ME (Materialentnahmeschein)

Datum	Beleg	Buchungstext	Kontierung		Betrag	
			Soll	Haben	Soll	Haben

Fortsetzung von Aufgabe 13 (Grundbuch)

Datum	Beleg	Buchungstext	Kontierung Soll	Kontierung Haben	Betrag Soll	Betrag Haben

Fortsetzung von Aufgabe 13

Hauptbuch

S	0700 TA und Maschinen	H
165.000,00		8.000,00

S	0800 Andere Anlagen/BGA	H
53.000,00		5.000,00

S	2000 Rohstoffe	H
189.000,00		

S	2400 Forderungen a. LL	H
585.750,00		543.800,00

S	2600 Vorsteuer	H
99.586,50		63.640,00

S	2800 Bank	H
782.220,00		646.070,00

S	2880 Kasse	H
28.940,00		21.150,00

S	3000 Eigenkapital	H
		318.000,00

S	3001 Privat	H
40.000,00		

S	4400 Verbindlichkeiten a. LL	H
369.600,00		440.400,00

S	4800 Umsatzsteuer	H
71.048,00		150.904,50

S	5000 Umsatzerlöse für eigene Erzeugnisse	H
		780.150,00

Fortsetzung von Aufgabe 13

S	5420 Entnahme v. G. u. s. L. H
	14.100,00

S	8020 Gewinn- und Verlustkonto H

S	6000 Aufwendungen für Rohstoffe H
460.000,00	

S	62 – 64 Personalkosten H
102.000,00	

S	8010 Schlussbilanzkonto H

S	6520 Abschreibungen auf Sachanlagen H

S	6700 Mietaufwendungen H
45.070,00	

Aktiva		Schlussbilanz	Passiva

Fortsetzung von Aufgabe 13

Kontokorrentbuch (Personenkonten)

Kundenkonten (Debitoren):

S			10000 F. Walter e. Kffr., Leverkusen		H
17. Dez.		344.500,00	17. Dez.		322.400,00

S			10001 Kühn KG, Köln		H
17. Dez.		241.250,00	17. Dez.		221.400,00

Lieferantenkonten (Kreditoren):

S			60000 M. Blau e. K., Rheine		H
17. Dez.		189.400,00	17. Dez.		224.600,00

S			60001 S. Schneider e. K., Emsdetten		H
17. Dez.		180.200,00	17. Dez.		215.800,00

Saldenliste der Kundenkonten	Soll	Haben	Salden
Summe			

Saldenliste der Lieferantenkonten	Soll	Haben	Salden
Summe			

Berechnungen und Buchungen im Werkstoffbereich 8

Schemata zu den Aufgaben des Lehrbuchs

8 Berechnungen und Buchungen im Werkstoffbereich — Aufgabe 34

2000 Rohstoffe

S	H
200.000,00	

2010 Vorprodukte/Fremdbauteile

S	H
130.000,00	

2400 Forderungen a. LL

S	H
25.000,00	

2600 Vorsteuer

S	H

2800 Bank

S	H
45.000,00	

3000 Eigenkapital

S	H
	360.000,00

4400 Verbindlichkeiten a. LL

S	H
	40.000,00

4800 Umsatzsteuer

S	H

5000 Umsatzerlöse für eigene Erzeugnisse

S	H

6000 Aufwendungen für Rohstoffe

S	H

6001 Bezugskosten für Rohstoffe

S	H

6002 Nachlässe auf Rohstoffe

S	H

6010 Aufwendungen für Vorprodukte

S	H

6012 Nachlässe auf Vorprodukte

S	H

8020 Gewinn- und Verlustkonto

S	H

8010 Schlussbilanzkonto

S	H

Bestandsveränderungen bei unfertigen und fertigen Erzeugnissen 10

Schemata zu den Aufgaben des Lehrbuchs

10 Bestandsveränderungen bei unfertigen und fertigen Erzeugnissen — Aufgabe 4

0700 TA und Maschinen

S	H
160.000,00	

0800 Andere Anlagen/BGA

S	H
85.000,00	

2000 Rohstoffe

S	H
87.500,00	

2020 Hilfsstoffe

S	H
24.800,00	

2100 Unfertige Erzeugnisse

S	H
45.900,00	

2200 Fertige Erzeugnisse

S	H
70.600,00	

2400 Forderungen a. LL

S	H
230.000,00	

2800 Bank

S	H
243.000,00	

3000 Eigenkapital

S	H
	800.000,00

5200 Bestandsveränderungen

S	H

6000 Aufwendungen für Rohstoffe

S	H
667.000,00	

6001 Bezugskosten für Rohstoffe

S	H
15.500,00	

6002 Nachlässe für Rohstoffe

S	H
	10.700,00

6020 Aufwendungen für Hilfsstoffe

S	H
84.800,00	

6200 Löhne

S	H
216.000,00	

6520 Abschreibungen auf Sachanlagen

S	H

6700 Mietaufwendungen

S	H
86.000,00	

8020 Gewinn- und Verlustkonto

S	H

Fortsetzung von Aufgabe 4

S	4400 Verbindlichkeiten a. LL	H
		221.200,00

S	5000 Umsatzerlöse für eigene Erzeugnisse	H
		997.000,00

S	5001 Erlösberichtigungen für eigene Erzeugnisse	H
12.800,00		

S	8010 Schlussbilanzkonto	H

10 Bestandsveränderungen bei unfertigen und fertigen Erzeugnissen

Aufgabe 5

S	0700 TA und Maschinen	H
200.000,00		

S	0800 Andere Anlagen/BGA	H
110.000,00		

S	2000 Rohstoffe	H
97.500,00		

S	2100 Unfertige Erzeugnisse	H
35.900,00		

S	2200 Fertige Erzeugnisse	H
90.600,00		

S	2280 Handelswaren	H
34.800,00		

S	3000 Eigenkapital	H
		700.000,00

S	4400 Verbindlichkeiten a. LL	H
		200.340,00

S	4800 Umsatzsteuer	H
		202.559,00

S	5000 Umsatzerlöse für eigene Erzeugnisse	H
		997.000,00

S	5001 Erlösberichtigungen für eigene Erzeugnisse	H
15.900,00		

Fortsetzung von Aufgabe 5

S	2400 Forderungen a. LL H
229.161,00	

S	2600 Vorsteuer H
130.338,00	

S	2800 Bankguthaben H
283.000,00	

S	6002 Nachlässe für Rohstoffe H
	12.900,00

S	6080 Aufwendungen für Handelswaren H
74.000,00	

S	6200 Löhne H
206.000,00	

S	6520 Abschreibungen auf Sachanlagen H

S	6700 Mietaufwendungen H
96.000,00	

S	5100 Umsatzerlöse für Handelswaren H
	85.000,00

S	5200 Bestandsveränderungen H

S	6000 Aufwendungen für Rohstoffe H
578.000,00	

S	6001 Bezugskosten für Rohstoffe H
16.600,00	

S	8020 Gewinn- und Verlustkonto H

S	8010 Schlussbilanzkonto H

Personalbereich

11

THEMENPAKET

Inhalte

- Buchen von Geschäftsfällen
- Buchen von Lohn-/Kirchensteuer und SV-Beiträgen
- Ermittlung der Eigenkapitalrentabilität
- Buchen von Abschreibungen
- Buchen von Löhnen und Gehältern
- Kontenabschluss

Situation

Ende Dezember 01 sind bei der Textilwerke GmbH die Löhne und Gehälter für Dezember mit den zugehörigen Abzügen für Lohn- und Kirchensteuer sowie Sozialversicherungen zu buchen. Darüber hinaus müssen noch einige weitere laufende Geschäftsfälle erfasst und die vorbereitenden Abschlussbuchungen sowie die Abschlussbuchungen durchgeführt werden.

Im Rahmen Ihrer Ausbildung sollen Sie die zuständige Sachbearbeitung im Rechnungswesen bei der Erstellung des Abschlusses unterstützen.

ARBEITSAUFTRÄGE

1 Verschaffen Sie sich zunächst einen Überblick über die in der Textilwerke GmbH geführten Bestands-, Erfolgs- und Abschlusskonten. Diese enthalten den aktuellen Buchungsstand.

S 0510 Bebaute Grundstücke	H
180.000,00	

S 0530 Betriebsgebäude	H
420.000,00	

S 0700 TA und Maschinen	H
160.000,00	

S 0800 Andere Anlagen/BGA	H
87.000,00	

S 2000 Rohstoffe	H
200.000,00	

S 2200 Fertige Erzeugnisse	H
10.000,00	

S 2400 Forderungen a. LL	H
87.000,00	

S	2600 Vorsteuer	H

S	2640 SV-Vorauszahlung	H

S	2650 Forderungen an Mitarbeiter	H
12.000,00		

S	2800 Bankguthaben	H
95.000,00		

S	3000 Eigenkapital	H
		721.000,00

S	3001 Privatkonto	H

S	4250 Darlehensschulden	H
		380.000,00

S	4400 Verbindlichkeiten a. LL	H
		131.080,00

S	4800 Umsatzsteuer	H
		12.000,00

S	4830 FB-Verbindlichkeiten	H
		6.920,00

S	5000 Umsatzerlöse für eigene Erzeugnisse	H

S	5200 Bestandsveränderungen	H

S	5420 Entnahme v. G. u. s. L.	H

S	5710 Zinserträge	H

S	6000 Aufwendungen für Rohstoffe	H

S	6200 Löhne	H

S	6300 Gehälter	H

S	6400 Arbeitgeberanteil zur Sozialversicherung	H

S	6420 Beiträge zur Berufsgenossenschaft	H

S	6520 Abschreibungen auf Sachanlagen	H

S	7510 Zinsaufwendungen	H

S	8020 Gewinn- und Verlustkonto	H

S	8010 Schlussbilanzkonto	H

Situation

Von der Sachbearbeitung aus dem Rechnungswesen erhalten Sie die Belege der noch zu buchenden laufenden Geschäftsfälle. Diese sind in der folgenden Übersicht zusammengestellt:

Nr.	Geschäftsfall		€
1.	Angestellter erhält Gehaltsvorschuss (Banküberweisung)		2.000,00
2.	Banküberweisung des Beitrags an die Berufsgenossenschaft		850,00
3.	Banküberweisung der Lohn- und Kirchensteuer	6.920,00	
	sowie der Umsatzsteuer-Zahllast	12.000,00	18.920,00
4.	Privatentnahmen von eigenen Erzeugnissen, netto		800,00
	+ Umsatzsteuer		152,00
5.	SV-Bankeinzug durch gesetzliche Krankenkasse		5.265,00
6.	Lohnzahlung durch Banküberweisung lt. Lohnliste:		

Bruttolöhne	LSt/KiSt	Sozialvers.	Auszahlung	Arbeitgeberanteil
5.400,00	760,00	1.080,00	3.560,00	1.075,00

Nr.	Geschäftsfall	€
7.	Rohstoffeinkäufe auf Ziel lt. ER 01–09	45.000,00
	+ Umsatzsteuer	8.550,00
8.	Zinsgutschrift der Bank	1.200,00
9.	Kunde wird mit Verzugszinsen belastet	80,00
10.	Banküberweisung der Gehälter lt. Gehaltsliste:	

Bruttogehälter	LSt/KiSt	Sozialversicherung	Verrechneter Vorschuss	Nettoauszahlung	Arbeitgeberanteil
7.800,00	1.050,00	1.560,00	500,00	4.690,00	1.550,00

Nr.	Geschäftsfall	€
11.	Zielverkäufe von eigenen Erzeugnissen lt. AR 01–12	128.000,00
	+ Umsatzsteuer	24.320,00
12.	Lastschrift der Bank für Darlehenszinsen	7.200,00
13.	Geschäftsinhaber überweist seine Lebensversicherungsprämie durch Banküberweisung	1.500,00
14.	Ein Lieferant belastet Verzugszinsen	40,00

ARBEITSAUFTRÄGE

2 Führen Sie die Vorkontierung der Geschäftsfälle 1 bis 14 im Grundbuch durch und übertragen Sie die Buchungen anschließende auf die Sachkonten.

Grundbuch (Journal)

AR (Ausgangsrechnung)
BA (Bankauszug)
KB (Kassenbeleg)
ME (Materialentnahmeschein)
ER (Eingangsrechnung)
PA (Postbankauszug)
PE (Privatentnahmebeleg)
SB (Sonstige Belege)

Datum	Beleg	Buchungstext	Kontierung		Betrag	
			Soll	Haben	Soll	Haben

3 Im Rahmen der vorbereitenden Abschlussbuchungen sollen Sie die im Folgenden aufgeführten Buchungsarbeiten durchführen.

- Buchung der Schlussbestände laut Inventur: Rohstoffe 225.000,00 €; Fertige Erzeugnisse 15.000,00 €
- Buchung der planmäßigen Abschreibungen auf Sachanlagen:
  Die Endbestände laut Inventur betragen für Betriebsgebäude 410.000,00 €; TA und Maschinen 146.000,00 €; Andere Anlagen/BGA 80.000,00 €
- Umbuchung der Privatentnahmen
- Buchung des Rohstoffverbrauchs
- Buchung der Bestandsveränderung bei fertigen Erzeugnissen
- Abschluss des Vorsteuerkontos.

4 Erstellen Sie nun den Jahresabschluss, indem Sie die Erfolgskonten, das Gewinn-und Verlustkonto und das Eigenkapitalkonto abschließen.

5 Ermitteln Sie die Rentabilität des durchschnittlichen Eigenkapitals und beurteilen Sie die Ertragssituation der Textilwerke GmbH.

Beleggeschäftsgang 1

- Buchen von Geschäftsfällen
- Erstellung von Saldenlisten für Debitoren und Kreditoren
- Vorbereitende Abschlussbuchungen
- Abschluss von Erfolgs- und Bestandskonten
- Erstellung der Bilanz und GuV-Rechnung

THEMENPAKET

Inhalte

Situation

Bei der Thomas Berg KG entspricht das Geschäftsjahr dem Kalenderjahr. Die Geschäftsführung der Thomas Berg KG, Herr Berg und Frau Ekici, möchten jedoch monatlich über die Lage des Unternehmens informiert werden. Deshalb werden in der Finanzbuchhaltung regelmäßig Monatsabschlüsse erstellt. Aktuell steht der Monatsabschluss zum 31. Januar .. an. Die Buchungen auf den Sachkonten und den Personenkonten sind bis zum 27. Januar .. ausgeführt worden. Für die Zeit vom 28. Januar bis zum 31. Januar sind noch Geschäftsfälle zu buchen.

Sie unterstützen die verantwortliche Sachbearbeitung bei der Erstellung des Monatsabschlusses. Aus der Finanzbuchhaltung können Sie den Kontenplan mit den Salden der Sachkonten zum 27. Januar .. sowie die zugehörigen offene-Posten-Listen der Kunden und Lieferanten abrufen:

Kontenplan und Salden der Sachkonten der Thomas Berg KG zum 27. Januar ..	Soll	Haben
0500 Grundstücke und Gebäude	4.025.000,00	–
0700 Technische Anlagen und Maschinen	2.870.000,00	–
0800 Andere Anlagen/BGA	665.000,00	–
2000 Rohstoffe	840.000,00	–
2020 Hilfsstoffe	230.000,00	–
2030 Betriebsstoffe	48.000,00	–
2200 Fertige Erzeugnisse	745.000,00	–
2400 Forderungen a. LL	719.950,00	–
2600 Vorsteuer	131.871,00	–
2800 Bankguthaben	331.826,00	–
2880 Kasse	44.012,00	–
3000 Eigenkapital	–	8.060.000,00
3001 Privat	65.300,00	
4250 Darlehensschulden	–	1.752.796,00
4400 Verbindlichkeiten a. LL	–	487.305,00
4800 Umsatzsteuer	–	159.828,00
5000 Umsatzerlöse für eigene Erzeugnisse	–	840.000,00
5420 Entnahme v. G. u. s. L.	–	1.200,00
5710 Zinserträge	–	3.500,00
6000 Aufwendungen für Rohstoffe	380.000,00	–
6020 Aufwendungen für Hilfsstoffe	46.700,00	–
6030 Aufwendungen für Betriebsstoffe	13.800,00	–
6160 Fremdinstandhaltung	10.000,00	–
6200 Löhne	56.000,00	–
6300 Gehälter	48.000,00	–
6520 Abschreibungen auf Sachanlagen	–	–
6820 Portokosten	2.200,00	–
6830 Kosten der Telekommunikation	4.700,00	–
6850 Reisekosten	1.470,00	–
7510 Zinsaufwendungen	25.800,00	–
8010 Schlussbilanzkonto	–	–
8020 Gewinn- und Verlustkonto	–	–
	11.304.629,00	11.304.629,00

Offene-Posten-Liste Kunden Stand 27. Januar ..					
Konto-Nr.	**Kunde**	**Datum**	**Rechnungs-Nr.**	**Betrag**	**Saldo**
10 001	Computer GmbH Flensburger Straße 2–10 18109 Rostock	..-01-06 ..-01-19	201 204	238.000,00 53.550,00	**291.550,00**
10 002	Elektronische Geräte Synon AG Speyerer Straße 31–35 76199 Karlsruhe	..-01-18 ..-01-21	203 205	47.600,00 238.000,00	**285.600,00**
10 003	Unterhaltungselektronik Weinert GmbH Bebelstraße 50–58 74076 Heilbronn	..-01-07 ..-01-23	202 206	66.640,00 76.160,00	**142.800,00**
Saldensumme der Kundenkonten: Abstimmung mit Konto 2400					**719.950,00**

Offene-Posten-Liste Lieferanten Stand 27. Januar ..					
Konto-Nr.	**Lieferanten**	**Datum**	**Rechnungs-Nr.**	**Betrag**	**Saldo**
60 001	Walzwerke Sauerland AG Gewerbestraße 40–52 58730 Fröndenberg	..-01-04 ..-01-10	25 190 25 340	85.680,00 107.100,00	**192.780,00**
60 002	Stahlhandel Brückner GmbH Saarstraße 83–87 66953 Pirmasens	..-01-21	4 403	245.140,00	**245.140,00**
60 003	Industriebedarf Glöckner GmbH Geislinger Straße 62–64 73033 Göppingen	..-01-19 ..-01-22	45 115 45 317	29.750,00 19.635,00	**49.385,00**
60 004	Verschiedene Lieferanten	–	–	–	–
Saldensumme der Lieferantenkonten: Abstimmung mit Konto 4400					**487.305,00**

Situation

Die Sachbearbeitung in der Finanzbuchhaltung übergibt Ihnen die noch nicht gebuchten Belege der laufenden Geschäftsfälle.

ARBEITSAUFTRÄGE

1. Führen Sie die Vorkontierung der Belege 1 bis 19 im Grundbuch durch (siehe S. 66/67).

2. Übertragen Sie die Buchungen anschließend auf die Sachkonten. Die Beträge, die die Kunden- und Lieferantenkonten betreffen, können Sie ohne Gegenbuchung auf diese Personenkonten übertragen.

Beleg 1

Thomas Berg KG

Thomas Berg KG • Industriestr. 22 – 28 • 70565 Stuttgart
Computer GmbH
Flensburger Straße 2 – 10
18109 Rostock

Ihre Bestellung vom	20..-01-18
Lieferdatum	20..-01-26
Rechnung Nr.	207
Sachbearbeitung	T. Berg
Telefon	0711 245671-15
E-Mail	t.berg@berg-wvd.de
Datum	20..01-28

Rechnung

Menge	Einheit	Bezeichnung	Einzelpreis (€)	Gesamtpreis (€)
1 280	St.	Stahlblechgehäuse G I	80,00	102.400,00
2 440	St.	Stahlblechgehäuse G III	35,00	85.400,00
		gesamt		187.800,00
		19 % USt		35.682,00
		Rechnungsbetrag		**223.482,00**

Zahlungsbedingung: 30 Tage netto

Konto	Soll	Haben
Gebucht:		

Thomas Berg KG • Industriestr. 22 – 28 • 70565 Stuttgart • Tel.: 0711 245671-0 • Fax: 0711 245671-62
E-Mail: service@berg-wvd.de • Internet: www.berg-wvd.de
Amtsgericht Stuttgart HRA 35719 • USt-IdNr.: DE 222 856 039
Baden Württembergische Landesbank • BIC: SOLADEST600• IBAN: DE26 6005 0101 0072 3544 32

Beleg 2

Walzwerke Sauerland AG

Walzwerke Sauerland AG • PF 25 50 • 58799 Fröndenberg
Thomas Berg KG
Industriestraße 22 – 28
70565 Stuttgart

Ihre Bestellung vom: 20..-01-23
Lieferdatum: 20..-01-26

Telefon: 02373 286929-14
E-Mail: verkauf@walzwerke-wvd.com

Datum: 20..-01-27

EINGEGANGEN ..-01-28

Rechnung Nr. 25 612

Pos.	Art.-Nr.	Bezeichnung	Anzahl/Einheit	Einzelpreis in €	Gesamtpreis in €
1	KW 91	Breitstahlband kaltgewalzt, 3 mm	70 t	1.000,00	70.000,00
2	WW 02	Breitstahlband warmgewalzt, 2 mm	30 t	1.300,00	39.000,00
		Warenwert			109.000,00
		19 % Umsatzsteuer			20.710,00
		Rechnungsbetrag			**129.710,00**

Zahlungsbedingung: 30 Tage rein netto

Konto	Soll	Haben
Gebucht:		

Walzwerke Sauerland AG | Gewerbestr. 40 – 52 | 58730 Fröndenberg | Tel.: 02373 286929-0 | Fax: 02373 286929-38

HRB 1255
Amtsgericht Hamm
Gesch.-führer: Udo Loos

E-Mail: info@walzwerke-wvd.com
Internet: www.walzwerke-wvd-com

Sparkasse UnnaKamen| BIC: WELADED1UNN
IBAN: DE74 4435 0060 0345 678 90
UStIdNr.: DE 356 357 991

Beleg 3

Baden-Württembergische Landesbank

Empfangsbescheinigung
über Bar-Einzahlung auf eigenes Konto

Kontonummer	Kontoinhaber
723 544 32	Thomas Berg KG

Betrag: Euro, Cent: 3.500,00-----

..-01-27 3.500,00

Baden-Württembergische Landesbank *Lange*

Für den Einzahlungstag und den Betrag ist der Maschinendruck maßgebend.

Kontoauszug zu Beleg 3

Kontoauszug Datum: ..-01-27 **Baden-Württembergische Landesbank**
DE26 6005 0101 0072 3544 32 BIC SOLADEST600

Buch	Wert	Vorgang	Auszug-Nr. 8	Blatt 1	Umsatz
01-27	01-27	Einzahlung			3.500,00 H
			Alter Saldo		331.826,00 H
			Neuer Saldo		**335.326,00 H**

Konto | Soll | Haben
Gebucht:

Thomas Berg KG
Industriestraße 22 - 28
70565 Stuttgart

Beleg 4

Quittung
Nr. KB 38

Netto € ct
+ % USt € ct
Gesamt € 600 ct 00

Gesamtbetrag € in Worten sechshundert Cent wie oben
(im Gesamtbetrag sind % Umsatzsteuer enthalten)

von Geschäftskasse

für private Zwecke

Konto | Soll | Haben
Gebucht:

richtig erhalten zu haben, bestätigt

Ort Stuttgart Datum ..-01-29

Buchungsvermerke

Stempel/Unterschrift des Empfängers
Thomas Berg

Beleg 5

Stahlhandel Brückner GmbH

Brückner GmbH • Saarstraße 83 – 87 • 66953 Pirmasens
Thomas Berg KG
Industriestraße 22 – 28
70565 Stuttgart

EINGEGANGEN ..-01-29

Unser Angebot vom:
Ihre Bestellung vom: 20..-01-16
Unsere Lieferung vom: 20..-01-25

Name: Joschka Säbel
Telefon: 06331 72214-12
Telefax: 06331 72214-39
E-Mail: saebel.j@brueckner-wvd.de

Datum: 20..-01-28

RECHNUNG 34 579

Pos.	Art.-Nr.	Artikelbezeichnung	Menge	Einheit	Einzelpreis/€	Gesamtpreis/€
1	SP 01	Stahlprofil 20 x 30	15	t	3.100,00	46.500,00
2	SP 02	Stahlprofil 30 x 40	10	t	3.250,00	32.500,00
		gesamt				79.000,00
		19 % Umsatzsteuer				15.010,00
		Rechnungsbetrag				**94.010,00**

Konto	Soll	Haben

Gebucht:

Stahlhandel Brückner GmbH
Saarstraße 83 – 87 • 66953 Pirmasens
Telefon: 06331 72214-0
Telefax: 06331 72214-39
E-Mail: service@brueckner-wvd.de
Internet: www.brueckner-wvd.de
HRB 69885 Amtsgericht Zweibrücken • USt-IdNr.: DE 678 325 412 • Geschäftsführer: Mannfred Brückner
Deutsche Bank Pirmasens • IBAN: DE81 5427 0096 0023 4977 54 • BIC: DEUTDESM542

Beleg 6

Material-Entnahmeschein

Thomas Berg KG

Konto	Soll	Haben

Gebucht:

Nummer: 351
Rohstoffe ☒
Hilfsstoffe ☐
Betriebsstoffe ☐ Datum: ..-01-29 Kostenstelle: Stanzerei/Schneiden

Artikel-Nr.	Menge	Einheit	Bezeichnung	€/Einheit	Summe
KW 91	180	t	Breitstahlband,	1.000,00	180.000,00
			kaltgewalzt		
SP 01	20	t	Stahlprofil,	3.100,00	62.000,00
			20 x 30 mm		
				Buchhaltung:	242.000,00

ausgestellt: Zimmer ausgegeben: Koch

Beleg 7

Material-Entnahmeschein

Konto	Soll	Haben

Gebucht:

Thomas Berg KG

Nummer: 352
Rohstoffe ☐
Hilfsstoffe ☒
Betriebsstoffe ☐ Datum: ..-01-30 Kostenstelle: Lackieren/Montieren

Artikel-Nr.	Menge	Einheit	Bezeichnung	€/Einheit	Summe
P 1200	30	Gebinde	Kleber	200,00	6.000,00
F 800	40	Gebinde	Lack	40,00	1.600,00
				Buchhaltung:	7.600,00

ausgestellt: Leyer ausgegeben: Kirsten

Beleg 8

Quittung

Nr. KB 39

	€	ct
Netto	440	00
+ 19 % USt	83	60
Gesamt	523	60

Gesamtbetrag € in Worten fünfhundertdreiundzwanzig ——— Cent wie oben

(Im Gesamtbetrag sind 19 % Umsatzsteuer enthalten)

von Thomas Berg KG, Metallwerk

Konto	Soll	Haben

Gebucht:

für Reparaturarbeiten an der Heizungsanlage

richtig erhalten zu haben, bestätigt

Ort Stuttgart Datum ..-01-30

Buchungsvermerke

Stempel/Unterschrift des Empfängers

Kundendienst Turbo GmbH
70563 Stuttgart
Steuer-Nr. 065 338 42760

Zeiler

Belege 9 und 10

Kontoauszug Datum: ..-01-29 **Baden-Württembergische Landesbank**
DE26 6005 0101 0072 3544 32 **BIC SOLADEST600**

Buch	Wert	Vorgang	Auszug-Nr. 9 Blatt 1	Umsatz
01-28	01-28	Überweisung **(Beleg 9)** Walzwerke Sauerland AG, Fröndenberg, RE 25 190 vom 4. Jan. .. (Konto 60 001)		85.680,00 S
01-28	01-28	Gutschrift **(Beleg 10)** Unterhaltungselektronik Weinert GmbH, Heilbronn RE 202 vom 7. Jan. .. (Konto 10 003)		66.640,00 H

Konto	Soll	Haben
Gebucht:		

Konto	Soll	Haben
Gebucht:		

Thomas Berg KG
Industriestraße 22 – 28
70565 Stuttgart

Alter Saldo 335.326,00 H
Neuer Saldo 316.286,00 H

Beleg 11

Deutsche Telefongesellschaft AG

Deutsche Telefongesellschaft AG
90426 Nürnberg

DV 12 0,70

Thomas Berg KG
Industriestraße 22 – 28
70565 Stuttgart

Datum : **..-01-22**
Seite : **1 von 4**

Kundennummer : **908 100 0726**
Rechnungsnummer : **913 685 3071**
Ihr Buchungskonto : **476 020 3885**

Infos zur Rechnung : **www.telefonag.de/hilfe-rechnung**

Info-Telefon : **0800 33 01000**

Rechnung für Januar 20..

Leistungen	**Beträge in EUR**
monatliche Beträge	33,36
nutzungsabhängige Beträge	717,40
Beträge von Drittanbietern	4,24
Summe	755,00
19 % Umsatzsteuer	143,45
Rechnungsbetrag	**898,45**

Der Rechnungsbetrag wird ab dem 7. Tag
nach Zugang dieser Rechnung von Ihrem Konto
DE26 6005 0101 0072 3544 32, SOLADEST600 abgebucht.

Weitere Informationen finden Sie auf der Rückseite.

Kontoauszug zu Beleg 11 und Beleg 12

Kontoauszug Datum: ..-01-30 **Baden-Württembergische Landesbank**
DE26 6005 0101 0072 3544 32 **BIC SOLADEST600**

Buch	Wert	Vorgang	Auszug-Nr. 10	Blatt 1	Umsatz
01-29	01-29	Abbuchung Telekom Januar ..			898,45 S
01-30	01-30	Gutschrift **(Beleg 12)** Elektronische Geräte Synon AG, Karlsruhe, Re 203 vom 18. Jan. .. (Konto 10 002)			47.600,00 H

Konto | Soll | Haben
Gebucht:

Thomas Berg KG
Industriestraße 22 - 28
70565 Stuttgart

Alter Saldo 316.286,00 H
Neuer Saldo 362.987,55 H

Beleg 13

€uro-Überweisung
Baden-Württembergische Landesbank

Nur für Überweisungen in Deutschland, in andere EU-/EWR-Staaten und in die Schweiz in Euro.
Bitte Meldepflicht gemäß Außenwirtschaftsverordnung beachten!

Angaben zum Begünstigten: Name, Vorname/Firma (max. 27 Stellen, bei maschineller Beschriftung max. 35 Stellen)
Dr. med. Max Heiler
IBAN
DE24600501010065034244
BIC des Kreditinstituts (8 oder 11 Stellen)
SOLADEST600
Betrag: Euro, Cent
450,00
Kunden-Referenznummer - Verwendungszweck, ggf. Name und Anschrift des Überweisenden - (nur für Begünstigten)
Behandlung meiner Tochter
noch Verwendungszweck (insgesamt max. 2 Zeilen à 27 Stellen, bei maschineller Beschriftung max. 2 Zeilen à 35 Stellen)
Ulrike, Re. vom 18. Jan...
Angaben zum Kontoinhaber: Name, Vorname/Firma, Ort (max. 27 Stellen, keine Straßen- oder Postfachangaben)
Thomas Berg KG, Stuttgart
IBAN
DE26600501010072354432 16

€URO-ÜBERWEISUNG (SEPA)

Datum ..-01-29
Unterschrift(en) Thomas Berg

Kontoauszug zu Beleg 13

Kontoauszug Datum: ..-01-30 **Baden-Württembergische Landesbank**
DE26 6005 0101 0072 3544 32 **BIC SOLADEST600**

Buch	Wert	Vorgang	Auszug-Nr. 11	Blatt 1	Umsatz
01-30	01-30	Überweisung Dr. med. M. Heiler, Stuttgart Re vom 18. Jan. ..			450,00 S

Konto | Soll | Haben
Gebucht:

Thomas Berg KG
Industriestraße 22 - 28
70565 Stuttgart

Alter Saldo 362.987,55 H
Neuer Saldo 362.537,55 H

Beleg 14

GLÖCKNER
Industriebedarf GmbH

Glöckner GmbH ▪ Geislinger Str. 62 – 64 ▪ 73033 Göppingen
Thomas Berg KG
Industriestraße 22 – 28
70565 Stuttgart

EINGEGANGEN
..-01-31

Ihre Bestellung vom:	..-01-21
Unsere Lieferung vom:	..-01-27
Name:	Jutta Lehnert
Telefon:	07161 8511-12
E-Mail:	vertrieb@gloeckner-wvd.com
Datum:	..-01-30

RECHNUNG 45 867

Wir sandten für Ihre Rechnung und auf Ihre Gefahr:

Pos.	Art.-Nr.	Artikelbezeichnung	Menge	Einheit	Einzelpreis/€	Gesamtpreis/€
1	P 1200	Kleber	176	Gebinde	200,00	35.200,00
2	F 800	Lack	690	Gebinde	40,00	27.600,00

gesamt	62.800,00
abzgl. 5 % Mengenrabatt	3.140,00
netto	59.660,00
19 % Umsatzsteuer	11.335,40
Rechnungsbetrag	**70.995,40**

Konto	Soll	Haben
Gebucht:		

Industriebedarf Glöckner GmbH
Geislinger Straße 62 – 64
73033 Göppingen
Tel.: 07161 8511-0 ▪ Fax: 07161 8511-36
E-Mail: info@gloeckner-wvd.com
Internet: www.gloeckner-wvd.com

Amtsgericht Ulm
HRB 712633
USt-IdNr.: DE 444 326 911
Geschäftsführerin:
Klara Münster

Deutsche Bank Göppingen
BIC: DEUTDESS610
IBAN: DE82 6107 0078 0018 6312 99
Postbank Berlin
BIC: PBNKDEFF
IBAN: DE36 1001 0010 0012 4451 01

Beleg 15

BÜRO EINRICHTUNGEN
W. Schreiber e. K.

W. Schreiber e. K. • Kantstraße 12 • 70193 Stuttgart
Thomas Berg KG
Industriestraße 22 – 28
70565 Stuttgart

EINGEGANGEN
..-01-31

Ihre Bestellung vom: ..-12-21
Leistungsdatum: ..-01-30
Rechnungsnummer: 679

Name: Scheiber
Telefon: 0711 34625-27
E-Mail: vertrieb@schreiber-wvd.de

Datum: ..-01-30

RECHNUNG

Pos.	Artikel	Anzahl	Einheit	Rabatt	Einzelpreis in €	Gesamtpreis in €
1	Schreibtisch, Eiche 156/76 mit 6 Schubfächern, Art.-Nr. ST 43	2	Stück	–	805,00	1.610,00
	Umsatzsteuer 19 %					305,90
	Rechnungsbetrag					**1.915,90**

Walter Schreiber e. K.
Büroeinrichtungen
Kantstraße 12
70193 Stuttgart

Telefon: 0711 34625-0
Telefax: 0711 34625-31
E-Mail: info@schreiber-wvd.de
Web: www.schreiber-wvd.de

Postbank Stuttgart • BIC: PBNKDEFF600
IBAN: DE58 4804 0035 0445 6320 02
Amtsgericht Stuttgart • HRA 778362
Steuer-Nr.: 065 326 18189

Kontoauszug zu Beleg 15

Kontoauszug Datum: ..-01-31 **Baden-Württembergische Landesbank**
DE26 6005 0101 0072 3544 32 **BIC SOLADEST600**

Buch	Wert	Vorgang	Auszug-Nr. 12 Blatt 1	Umsatz
01-31	01-31	Überweisung an W. Schreiber e. K., Büro-einrichtungen, Stuttgart Re 679 vom 30. Jan. ..		1.915,90 S

Konto	Soll	Haben
Gebucht:		

Thomas Berg KG
Industriestraße 22 – 28
70565 Stuttgart

Alter Saldo	362.537,55 H
Neuer Saldo	**360.621,65 H**

Beleg 16

Thomas Berg KG

Thomas Berg KG • Industriestr. 22 – 28 • 70565 Stuttgart
Unterhaltungselektronik
Weinert GmbH
Bebelstraße 50 – 58
74076 Heilbronn

Ihre Bestellung vom	20..-01-20
Lieferdatum	20..-01-28
Rechnung Nr.	208
Sachbearbeitung	T. Berg
Telefon	0711 245671-15
E-Mail	t.berg@berg-wvd.de
Datum	20..01-31

Rechnung

Menge	Einheit	Bezeichnung	Einzelpreis (€)	Gesamtpreis (€)
592	St.	Stahlblechgehäuse G II	50,00	29.600,00
600	St.	Stahlblechgehäuse G IV	33,00	19.800,00
		gesamt		49.400,00
		19 % USt		9.386,00
		Rechnungsbetrag		**58.786,00**

Zahlungsbedingung: 30 Tage netto

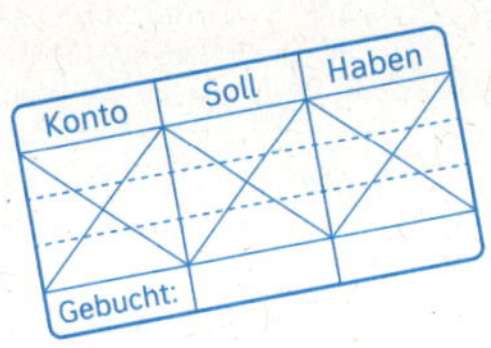

Thomas Berg KG • Industriestr. 22 – 28 • 70565 Stuttgart • Tel.: 0711 245671-0 • Fax: 0711 245671-62
E-Mail: service@berg-wvd.de • Internet: www.berg-wvd.de
Amtsgericht Stuttgart HRA 35719 • USt-IdNr.: DE 222 856 039
Baden Württembergische Landesbank • BIC: SOLADEST600• IBAN: DE26 6005 0101 0072 3544 32

Beleg 17

Material-Entnahmeschein

Thomas Berg KG

Nummer: 353
Rohstoffe ☐
Hilfsstoffe ☐
Betriebsstoffe ☒ Datum: ..-01-31 Kostenstelle: Bohren/Entgraten

Artikel-Nr.	Menge	Einheit	Bezeichnung	€/Einheit	Summe
S 402	10	Gebinde	Schmierstoff	15,00	150,00
P 203	200	Stück	Polierscheiben	3,00	600,00
				Buchhaltung:	750,00

Konto | Soll | Haben
Gebucht:

ausgestellt: Zimmer ausgegeben: Koch

Beleg 18

KB 40

Deutsche Post AG
70565 Stuttgart
82062580 ..-01-31

Konto | Soll | Haben
Gebucht:

7204
Postwertzeichen ohne Zuschlag
*650,00 EUR A

Bruttoumsatz *650,00 EUR
umsatzsteuerbefreit nach § 4 UStG

Nettoumsatz A *650,00 EUR

Steuernummer der Deutschen Post AG:
5205/5777/1510

Vielen Dank für Ihren Besuch.
Ihre Deutsche Post AG

Beleg 19

Entnahmebeleg

Thomas Berg KG

Betrifft: Zur privaten Verwendung entnommen:

2 Gebinde Lack F 800
zum Bezugspreis von netto 80,00 €
\+ 19 % Umsatzsteuer 15,20 €
= Entnahme, brutto 95,20 €

Konto | Soll | Haben
Gebucht:

Datum: ..-01-31 ausgestellt: Thomas Berg

Grundbuch (Journal)

AR (Ausgangsrechnung)
BA (Bankauszug)
KB (Kassenbeleg)
ME (Materialentnahmeschein)
ER (Eingangsrechnung)
PA (Postbankauszug)
PE (Privatentnahmebeleg)
SB (Sonstige Belege)

Datum	Beleg	Buchungstext	Kontierung		Betrag	
			Soll	Haben	Soll	Haben

Datum	Beleg	Buchungstext	Kontierung		Betrag	
			Soll	Haben	Soll	Haben

Hauptbuch

S	0500 Grundstücke und Gebäude H
4.025.000,00	

S	0700 Technische Anlagen und Maschinen H
2.870.000,00	

S	0800 Andere Anlagen/BGA H
665.000,00	

S	2000 Rohstoffe H
840.000,00	

S	2020 Hilfsstoffe H
230.000,00	

S	2030 Betriebsstoffe H
48.000,00	

S	2200 Fertige Erzeugnisse H
745.000,00	

S	2400 Forderungen a. LL H
719.950,00	

S	2600 Vorsteuer H
131.871,00	

S	2800 Bank H
331.826,00	

S	2880 Kasse H
44.012,00	

S	3000 Eigenkapital H
	8.060.000,00

S	3001 Privat H
65.300,00	

S	4250 Darlehensschulden H
	1.752.796,00

S	4400 Verbindlichkeiten a. LL H
	487.305,00

S	4800 Umsatzsteuer H
	159.828,00

S	5000 Umsatzerlöse für eigene Erzeugnisse H
	840.000,00

S	5420 Entnahme v. G. u. s. L. H
	1.200,00

S	5710 Zinserträge H
	3.500,00

S 6000 Aufwendungen für Rohstoffe	H
380.000,00	

S 6020 Aufwendungen für Hilfsstoffe	H
46.700,00	

S 6030 Aufwendungen für Betriebsstoffe	H
13.800,00	

S 6160 Fremdinstandhaltung	H
10.000,00	

S 6200 Löhne	H
56.000,00	

S 6300 Gehälter	H
48.000,00	

S 6520 Abschreibungen auf Sachanlagen	H

S 6820 Portokosten	H
2.200,00	

S 6830 Kosten der Telekommunikation	H
4.700,00	

S 6850 Reisekosten	H
1.470,00	

S 7510 Zinsaufwendungen	H
25.800,00	

S	8020 Gewinn- und Verlustkonto H

S	8010 Schlussbilanzkonto H

Kontokorrentbuch (Personenkonten)

Kundenkonten (Debitoren):

S 10001 Computer GmbH H

Datum	Nr. der Ausgangsrechnung		Datum	AR-Zahlungsausgleich	
..-01-06	201	238.000,00			
..-01-19	204	53.550,00			

S 10002 Elektronische Geräte Synon AG H

Datum	Nr. der Ausgangsrechnung		Datum	AR-Zahlungsausgleich	
..-01-18	203	47.600,00			
..-01-21	205	238.000,00			

S 10003 Unterhaltungselektronik Weinert GmbH H

Datum	Nr. der Ausgangsrechnung		Datum	AR-Zahlungsausgleich	
..-01-07	202	66.640,00			
..-01-23	206	76.160,00			

Lieferantenkonten (Kreditoren):

S — **60001 Walzwerke Sauerland AG** — H

Datum	ER-Zahlungsausgleich		Datum	Nr. der Eingangsrechnung	
			..-01-04	25 190	85.680,00
			..-01-10	25 340	107.100,00

S — **60002 Stahlhandel Brückner GmbH** — H

Datum	ER-Zahlungsausgleich		Datum	Nr. der Eingangsrechnung	
			..-01-21	4 403	245.140,00

S — **60003 Industriebedarf Glöckner GmbH** — H

Datum	ER-Zahlungsausgleich		Datum	Nr. der Eingangsrechnung	
			..-01-19	45 115	29.750,00
			..-01-22	45 317	19.635,00

S — **60004 Verschiedene Lieferanten (Walter Schreiber e. K.)** — H

Datum	ER-Zahlungsausgleich		Datum	Nr. der Eingangsrechnung	

ARBEITSAUFTRÄGE

3 Nennen Sie die Buchungssätze für die vorbereitenden Abschlussbuchungen und führen Sie diese durch:

- Buchen Sie die Privatentnahmen um (Beleg 20),
- schließen Sie das Vorsteuerkonto ab (Beleg 20),
- schreiben Sie die Sachanlagen planmäßig ab (Beleg 21).

Beleg 20

Buchungsanweisung	Datum: ..-01-31				Beleg-Nr.:
Betreff: Umbuchungen/ Vorbereitende Abschlussbuchungen					Gebucht: Datum:
Buchungstext	Soll		Haben		
	Konto	Betrag	Konto	Betrag	
Privatentnahmen .... Vorsteuer.....................					

Beleg 21

Buchungsanweisung	Datum: ..-01-31				Beleg-Nr.:
Betreff: Abschreibungen auf Sachanlagen lt. Anlagenkartei					Gebucht: Datum:
Buchungstext	Soll		Haben		
	Konto	Betrag	Konto	Betrag	
Abschreibungen für Januar: - Gebäude .... 15.000,00 - TA und Maschinen . 35.000,00 - And. Anlagen/BGA . 8.000,00					

4 Erstellen Sie die Saldenlisten für die Debitoren (Kunden) und die Kreditoren (Lieferanten) und stimmen Sie diese mit den Sachkonten „2400 Forderungen a. LL“ sowie „4400 Verbindlichkeiten a. LL“ ab.

Saldenliste der Kundenkonten	
10 001 Computer GmbH	
10 002 Elektronische Geräte Synon AG	
10 003 Unterhaltungselektronik Weinert GmbH	
Summe	

Saldenliste der Lieferantenkonten	
60 001 Walzwerke Sauerland AG	
60 002 Stahlhandel Brückner GmbH	
60 003 Industriebedarf Glöckner GmbH	
60 004 Walter Schreiber e. K.	
Summe	

5 Erstellen Sie den Monatsabschluss für die Thomas Berg KG zum 31. Januar .., indem Sie im Rahmen der Abschlussbuchungen die Ertrags- und Bestandskonten sowie das Gewinn- und Verlustkonto abschließen. Die Salden auf den Bestandskonten entsprechen den Inventurwerten.

6 Bereiten Sie abschließend für Herrn Berg und Frau Ekici eine ordnungsgemäß gegliederte Bilanz zum 31. Januar .. vor.

Bilanzbuch

Schlussbilanz zum 31. Januar ..

Aktiva			Passiva

Kosten- und Leistungsrechnung zur Vorbereitung unternehmerischer Entscheidungen durchführen

Abgrenzungsrechnung 3

THEMENPAKET
Inhalte

- **Abgrenzungsrechnung, Unternehmensergebnis, neutrales Ergebnis, Betriebsergebnis, kostenrechnerische Korrekturen**

Situation

Sie sind in der Finanzbuchhaltung der Wilhelm KG, Kleiderfabrikation eingesetzt. Ihre Aufgabe besteht darin, die Ergebnistabelle für das 1. Quartal aufzustellen. Ihnen liegen für die Bearbeitung die Quartalsdaten aller Aufwendungen und Erträge sowie eine Checkliste für die Vorgehensweise vor.

	€
5000 Umsatzerlöse für eigene Erzeugnisse	1.870.500,00
5100 Umsatzerlöse für Waren	200.000,00
5201 Mehrbestand an unfertigen Erzeugnissen	42.000,00
5300 Andere aktivierte Eigenleistungen	31.500,00
5410 Erlöse aus Anlagenabgängen	1.900,00
5431 Erträge aus Versicherungsentschädigungen	5.200,00
5600 Erträge aus Finanzanlagen	8.200,00
5700 Zins- und Dividendenerträge	4.100,00
6000 Aufwendungen für Rohstoffe	300.000,00
6080 Aufwendungen für Waren	150.000,00
6200 Löhne	798.000,00
6300 Gehälter	401.000,00
6400 Soziale Abgaben	185.100,00
6510 Abschreibungen auf Wertpapiere des Anlagevermögens	31.200,00
6520 Abschreibungen auf Maschinen	92.500,00
6700 Aufwendungen für Mieten und Pachten	4.900,00
6870 Aufwendungen für Werbung	12.200,00
6979 Anlagenabgänge	55.600,00
7700 Gewerbesteuer	22.400,00

Checkliste zur Erstellung der Ergebnistabelle:

- Übernehmen Sie die Aufwendungen und Erträge der Finanzbuchhaltung in die Gesamtergebnisrechnung des Rechnungskreises I der Ergebnistabelle.
- Führen Sie im Rechnungskreis II die Abgrenzungsrechnung durch, indem Sie die neutralen Aufwendungen und Erträge aus der Gesamtergebnisrechnung in die Abgrenzungsrechnung übertragen.
- Die betrieblichen Aufwendungen und Erträge sind entsprechend als Kosten und Leistungen in die Betriebsergebnisrechnung einzubringen.

ARBEITSAUFTRÄGE

1. Erstellen Sie die Ergebnistabelle entsprechend der obigen Angaben.
2. Werten Sie Ihre Ergebnisse aus

Ergebnistabelle Wilhelm KG

Finanzbuchhaltung (RK I)			Kosten- und Leistungsrechnung (RK II)			
Gesamtergebnisrechnung der FB			Abgrenzungsrechnung		Betriebsergebnisrechnung	
Kto.-Nr.	Aufwendungen	Erträge	Aufwendungen	Erträge	Kosten	Leistungen

Abstimmung der Ergebnisse

1. Gesamtergebnis im RK I (Unternehmensergebnis) ________________
2. Neutrales Ergebnis (Abgrenzungsergebnis) ________________
3. + Betriebsergebnis ________________
4. Gesamtergebnis im RK II ________________

Situation

Bislang lagen Ihnen keine Informationen zu kostenrechnerischen Korrekturen vor. Deshalb haben Sie in der Abteilung Rücksprache gehalten und nachträglich folgende ergänzende Informationen erhalten:

	€
Rohstoffverbrauch zu Verrechnungspreisen	312.000,00
Kalkulatorische Abschreibungen auf Maschinen	96.000,00
Kalkulatorischer Unternehmerlohn	18.000,00

ARBEITSAUFTRÄGE

1. Ergänzen Sie die Ergebnistabelle entsprechend der obigen Angaben in der folgenden Übersicht.
2. Erläutern Sie die Auswirkungen auf das Betriebsergebnis und das Neutrale Ergebnis.

Ergebnistabelle Wilhelm KG

Finanzbuchhaltung (RK I)			Kosten- und Leistungsrechnung (RK II)					
Gesamtergebnisrechnung der FB			Abgrenzungsrechnung				Betriebsergebnisrechnung	
			Unternehmensbezogene Abgrenzungen		Kostenrechnerische Korrekturen			
Kto.-Nr.	Aufwendungen	Erträge	Aufwendungen	Erträge	Aufwendungen	Verrechnete Kosten	Kosten	Leistungen
5000		1.870.000,00						
5100		200.000,00						
5201		42.000,00						
5300		31.500,00						
5410		1.900,00						
5431		5.200,00						
5600		8.200,00						
5700		4.100,00						
6000	300.000,00							
6080	150.000,00							
6200	798.000,00							
6300	401.000,00							
6400	185.100,00							
6510	31.200,00							
6520	92.500,00							
6700	4.900,00							
6870	12.200,00							
6979	55.600,00							
7700	22.400,00							
Verrechnungspreise Rohstoffe								
Kalkulator. Abschreibungen								
Kalkulator. Unternehmerlohn								

Abstimmung der Ergebnisse

Gesamtergebnis im RK I (Unternehmensergebnis)		______
Ergebnis der unternehmensbezogenen Abgrenzungen	______	
+ Ergebnis aus kostenrechnerischen Korrekturen	______	
= Neutrales Ergebnis (Abgrenzungsergebnis)	______	
+ Betriebsergebnis	______	
Gesamtergebnis im RK II		______

THEMENPAKET

Inhalte

- **Abgrenzungsrechnung, Unternehmensergebnis, neutrales Ergebnis, Betriebsergebnis, kalkulatorische Abschreibungen, kalkulatorische Zinsen, kalkulatorischer Unternehmerlohn**

Situation

Sie sind in der Finanzbuchhaltung der Möbelfabrik Schneider OHG eingesetzt. Die Möbelfabrik Schneider OHG stellt in einem Zweigbetrieb ausschließlich Schreibtische für ein Versandhaus her. Für diesen Zweigbetrieb wird die Betriebsabrechnung getrennt durchgeführt. Ihre Aufgabe besteht darin, die Ergebnistabelle für das vergangene Geschäftsjahr aufzustellen. Zum Ende des Geschäftsjahres .. liegen folgende Aufwendungen und Erträge mit den folgenden ergänzenden Hinweisen vor:

	€
50.. Umsatzerlöse für eigene Erzeugnisse und andere Leistungen	1.280.000,00
5202 Mehrbestand an fertigen Erzeugnissen	120.000,00
5401 Mieterträge	24.000,00
5410 Erlöse aus Anlagenabgängen	15.000,00
5431 Erträge aus Versicherungsentschädigungen	24.000,00
5490 Periodenfremde Erträge	30.000,00
6000 Aufwendungen für Rohstoffe	280.000,00
6020 Aufwendungen für Hilfsstoffe	30.000,00
6030 Aufwendungen für Betriebsstoffe	10.000,00
6160 Fremdinstandhaltung	17.000,00
6200 Löhne	380.000,00
6300 Gehälter	260.000,00
6400 Arbeitgeberanteil zur Sozialversicherung	140.000,00
6520 Abschreibungen auf Sachanlagen	60.000,00
66.. Sonstige Personalaufwendungen	10.000,00
6850 Reisekosten	12.000,00
6979 Anlagenabgänge	20.000,00
70/77 Betriebliche Steuern	45.000,00
7510 Zinsaufwendungen	10.000,00

Angaben für die Aufstellung der Ergebnistabelle:

1. Unter der Position „Gebäude“ in der Bilanz befindet sich ein vermietetes (zum Betriebsvermögen gehörendes) Wohnhaus. Die Aufwendungen und Erträge hierfür wurden über die FB abgewickelt und sind daher in der GuV-Rechnung enthalten. Im Einzelnen handelt es sich um folgende Posten:

Abschreibungen	10.000,00
Grundsteuer	5.000,00

Hausmeisterlohn 35.000,00
Arbeitgeberanteil zur Sozialversicherung 8.000,00
Malerarbeiten (vgl. Fremdinstandhaltung) 5.000,00

2. In der Position „Sonstige Personalaufwendungen" sind Nachzahlungen für das vergangene Geschäftsjahr enthalten 4.000,00

3. Die kalkulatorischen Zinsen sind aufgrund folgender Angaben zu berechnen:

Anlagevermögen (nach kalkulatorischen Restwerten) insgesamt 630.000,00
Kalkulatorischer Restwert des vermieteten Wohnhauses 100.000,00
Umlaufvermögen (zu Mittelwerten) 310.000,00
In den Verbindlichkeiten a. LL sind zinslose Kredite enthalten 40.000,00
Der Zinssatz für das betriebsnotwendige Kapital beträgt 7,5 %.

4. Den kalkulatorischen Abschreibungen sind folgende Angaben zugrunde zu legen:

Nutzungsdauer: Gebäude 25 Jahre, übriges Anlagevermögen zehn Jahre,
Wiederbeschaffungskosten: Gebäude 500.000,00
Maschinen 350.000,00
Andere Sachanlagen 50.000,00

5. Der kalkulatorische Unternehmerlohn wird angesetzt mit 90.000,00

ARBEITSAUFTRÄGE

1. Erstellen Sie die Ergebnistabelle entsprechend der obigen Angaben.

2. Werten Sie Ihre (Teil-)Ergebnisse aus.

Ergebnistabelle Schneider OHG

Finanzbuchhaltung (RK I)			Kosten- und Leistungsrechnung (RK II)					
Gesamtergebnisrechnung der FB			Abgrenzungsrechnung				Betriebsergebnisrechnung	
			Unternehmensbezogene Abgrenzungen		Kostenrechnerische Korrekturen			
Kto.-Nr.	Aufwendungen	Erträge	Aufwendungen	Erträge	Aufwendungen	Verrechnete Kosten	Kosten	Leistungen

Abstimmung der Ergebnisse

Gesamtergebnis im RK I (Unternehmensergebnis) ____________

Ergebnis der unternehmensbezogenen Abgrenzungen ____________

+ Ergebnis aus kostenrechnerischen Korrekturen ____________

= Neutrales Ergebnis (Abgrenzungsergebnis) ____________

+ Betriebsergebnis ____________

Gesamtergebnis im RK II ____________

Vollkostenrechnung im Mehrproduktunternehmen 5

THEMENPAKET

Inhalte

- Abgrenzungsrechnung
- Betriebsabrechnungsbogen
- Kostenträgerzeitrechnung als Vor- und Nachkalkulation
- Zuschlagssätze
- Normalkosten, Istkosten
- Umsatzergebnis
- Kostenüberdeckung, Kostenunterdeckung

Situation

Sie sind im Controlling der Körner KG eingesetzt und unterstützen Ihren Ausbilder dabei, die monatliche Erfolgsrechnung der Erzeugnisse X und Y aufzubereiten. Ihr Ausbilder ist der festen Überzeugung, dass diese Aufgabe sehr gut geeignet ist, um die Zusammenhänge der Vollkostenrechnung nachvollziehen zu können. Denn für die sachgerechte Aufbereitung der Daten als Entscheidungsgrundlage für die Geschäftsleitung sollen Sie an allen Rechenschritten beteiligt werden. Folgende Aufgaben für die Erfolgsrechnung der Erzeugnisse X und Y für den abgelaufenen Monat liegen vor Ihnen:

- verursachungs- und periodengerechte Erfassung aller Kosten in einer angemessenen Höhe;
- verursachungsgerechte Zuordnung der angefallenen Kosten in den Abteilungen (Kostenstellen), um Zuschlagsgrundlagen für die Zuschlagskalkulation zu erhalten (Istkostenrechnung);
- Vor- und Nachkalkulation mithilfe von Normal- und Istkosten zur Ermittlung der Kostenabweichungen. Diese Analyse dient der Geschäftsleitung als Grundlage für Entscheidungen und für zu ergreifende Maßnahmen für die Erzeugnisse X und Y.

„Die monatliche Erfolgsrechnung hat also nicht nur den Erfolg im Blick. Vielmehr liefern wir wichtige Daten zur Kostenentwicklung für die einzelnen Erzeugnisse, aber auch für die Abteilungen", so der Ausbilder weiter.

Für die Aufbereitung dieser Daten stehen bewährte Instrumente der Vollkostenrechnung zur Verfügung. Alle relevanten Daten für die Erzeugnisse X und Y der Körner KG werden durch die Controlling-Abteilung zur Verfügung gestellt.

ARBEITSAUFTRÄGE

1. Fassen Sie die wesentlichen Aspekte der Handlungssituation in eigenen Worten zusammen.

2. Geben Sie die Instrumente für die durchzuführenden Berechnungen an und beschreiben Sie, welche kostenrechnerischen Informationen Sie durch den jeweiligen Einsatz des Instrumentes generieren.

3 Zunächst werden alle Kosten des abgelaufenen Monats für die Erzeugnisse X und Y mithilfe der Abgrenzungsrechnung verursachungs- und periodengerecht, sowie in angemessener Höhe erfasst. Erstellen Sie die Ergebnistabelle auf Basis der nachfolgenden Daten.

Daten aus der Controlling-Abteilung:

Abgrenzungsrechnung mit BAB und Kostenträgerblatt

Die Ergebnistabelle der Körner KG weist folgende Aufwendungen und Erträge aus:

Konto	Bezeichnung	€
50 ..	Umsatzerlöse für eigene Erzeugnisse u. andere Leistungen	880.000,00
5202	Erhöhung des Bestandes an fertigen Erzeugnissen	40.000,00
5410	Mieterträge	20.000,00
5410	Erlöse aus Anlagenabgängen	5.000,00
5480	Erträge aus der Herabsetzung von Rückstellungen	50.000,00
5500	Erträge aus Beteiligungen	20.000,00
5710	Zinserträge	15.000,00
6000	Aufwendungen für Rohstoffe	120.000,00
6020	Aufwendungen für Hilfsstoffe	25.000,00
6200	Löhne	220.000,00
6300	Gehälter	115.000,00
6400	Soziale Abgaben	52.000,00
6520	Abschreibungen auf Sachanlagen	80.000,00
6700	Mieten/Pachten	20.000,00
68 ..	Aufwendungen für Kommunikation	22.000,00
6900	Versicherungsbeiträge	3.000,00
6930	Verluste aus Schadensfällen	8.000,00
6979	Anlagenabgänge	10.000,00
70/77	Betriebliche Steuern	25.000,00
7510	Zinsaufwendungen	2.000,00
Der Rohstoffverbrauch wird zu Verrechnungspreisen angesetzt		130.000,00

Der kalkulatorische Unternehmerlohn beträgt 12.000,00 €. Die kalkulatorischen Zinsen für das betriebsnotwendige Kapital machen 20.000,00 € aus.

Als kalkulatorische Wagnisse werden 15.000,00 € in Ansatz gebracht. Von den Abschreibungen auf Sachanlagen entfallen 75.000,00 € auf kalkulatorische Abschreibungen und 5.000,00 € auf Abschreibungen für ein vermietetes Gebäude.

Ergebnistabelle Körner KG

Finanzbuchhaltung (RK I)			Kosten- und Leistungsrechnung (RK II)					
Gesamtergebnisrechnung der FB			Abgrenzungsrechnung				Betriebsergebnis-rechnung	
			Unternehmensbezogene Abgrenzungen		Kostenrechnerische Korrekturen			
Kto.-Nr.	Aufwen-dungen	Erträge	Aufwen-dungen	Erträge	Aufwen-dungen	Verrechne-te Kosten	Kosten	Leistungen
50..		880.000,00						
5202		40.000,00						
5401		20.000,00						
5410		5.000,00						
5480		50.000,00						
5500		20.000,00						
5710		15.000,00						
6000	120.000,00							
6020	25.000,00							
6200	22.000,00							
6300	115.000,00							
6400	52.000,00							
6520	80.000,00							
6700	20.000,00							
68..	22.000,00							
6900	3.000,00							
6930	8.000,00							
6979	10.000,00							
70/77	25.000,00							
7510	2.000,00							
U.-L.								

Abstimmung der Ergebnisse

Gesamtergebnis im RK I (Unternehmensergebnis) __________

Ergebnis der unternehmensbezogenen Abgrenzungen __________

+ Ergebnis aus kostenrechnerischen Korrekturen __________

= Neutrales Ergebnis (Abgrenzungsergebnis) __________

+ Betriebsergebnis __________

Gesamtergebnis im RK II __________

ARBEITSAUFTRÄGE

4 Ermitteln Sie die in den einzelnen Abteilungen (Kostenstellen) angefallenen Kosten, indem Sie anhand der nachfolgenden Angaben den Betriebsabrechnungsbogen aufstellen.

5 Ermitteln Sie die Istzuschlagssätze.

6 Tragen Sie die verrechneten Normalgemeinkosten in den BAB ein und berechnen Sie die Kostenüber- und -unterdeckungen in den einzelnen Kostenbereichen und insgesamt.

Hinweis: Informieren Sie sich gegebenenfalls im Schulbuch LF 8, Kapitel 5.2.2., S. 313 ff.

Daten aus der Controlling-Abteilung:

Grundlagen zur Aufstellung des BAB

Kostenarten	I Material	II FHS A	III FHS B	IV Verwaltung	V Vertrieb
Fertigungsmaterial	130.000,00	–	–	–	–
Fertigungslöhne	–	120.000,00	100.000,00	–	–
Hilfsstoffe	3.000,00	11.000,00	9.000,00	–	2.000,00
Gehälter	5.000,00	8.000,00	7.000,00	85.000,00	10.000,00
Soziale Abgaben	2.000,00	14.000,00	11.000,00	22.000,00	3.000,00
Abschreibungen	5.000,00	30.000,00	25.000,00	10.000,00	5.000,00
Mieten/Pachten:					
Raumgröße	100 m²	350 m²	250 m²	200 m²	100 m²
Kommunikationsaufw.	1.000,00	3.000,00	2.000,00	12.000,00	4.000,00
Versicherungen:					
Vers.-Werte	**1.000.000,00**	**1.750.000,00**	**1.250.000,00**	**2.000.000,00**	–
Kalkulat. Wagnisse	2 :	2 :	2 :	1 :	3
Betriebsteuern	2 :	7 :	5 :	8 :	3
Kalkulat. Zinsen	2.000,00	7.000,00	8.000,00	2.000,00	1.000,00
Unternehmerlohn	1 :	1 :	1 :	2 :	1

Der Betrieb hat im gleichen Monat mit folgenden Normalzuschlagssätzen kalkuliert:

Materialgemeinkosten .... 15 %
Fertigungsgemeinkosten FHS A .... 80 %
Fertigungsgemeinkosten FHS B .... 75 %
Verwaltungsgemeinkosten .... 25 %
Vertriebsgemeinkosten .... 6 %

Betriebsabrechnungsbogen

Kostenart	Zahlen der BER	I Material	II FHS A	III FHS B	IV Verwaltung	V Vertrieb
Hilfsstoffe	25.000,00	3.000,00	11.000,00	9.000,00	–	2.000,00
Gehälter	115.000,00	5.000,00	8.000,00	7.000,00	85.000,00	10.000,00
Soziale Abgaben	52.000,00	2.000,00	14.000,00	11.000,00	22.000,00	3.000,00
Abschreibungen	75.000,00	5.000,00	30.000,00	25.000,00	10.000,00	5.000,00
Miete/Pacht	20.000,00					
Kommunikationsaufwendungen	22.000,00	1.000,00	3.000,00	2.000,00	12.000,00	4.000,00
Versicherungen	3.000,00					
Kalkulatorische Wagnisse	15.000,00					
Betriebsteuern	25.000,00					
Kalkulatorische Zinsen	20.000,00	2.000,00	7.000,00	8.000,00	2.000,00	1.000,00
Unternehmerlohn	12.000,00					
Istgemeinkosten						
Zuschlagsgrundlagen						
Istzuschlagssätze						
Normalzuschlagssätze		15%	80%	75%	25%	6%
Zuschlagsgrundlagen						
Normalgemeinkosten						
Über-/Unterdeckung						

7 Führen Sie die Kostenrechnung mit Normalzuschlagssätzen und Istzuschlagssätzen im Kostenträgerblatt unter Berücksichtigung der nachfolgenden ergänzenden Angaben durch, um für die Erzeugnisse X und Y und insgesamt das Umsatz- bzw. Betriebsergebnis zu bestimmen.

8 Ermitteln Sie die Umsatzergebnisraten.

Hinweis: Informieren Sie sich gegebenenfalls im Schulbuch LF 8, Kapitel 5.2.2., S. 313 ff.

Daten aus der Controlling-Abteilung:

Aufstellung des Kostenträgerblattes nach folgenden Angaben:

Bezeichnung	insgesamt	Anteile der Erzeugnisse	
		X	Y
Fertigungsmaterial	130.000,00	80.000,00	50.000,00
Fertigungslöhne FHS A	120.000,00	70.000,00	50.000,00
Fertigungslöhne FHS B	100.000,00	60.000,00	40.000,00
Gemeinkosten	lt. BAB		
Unfertige Erzeugnisse:			
Anfangsbestand	120.000,00	80.000,00	40.000,00
Endbestand	150.000,00	100.000,00	50.000,00
Fertige Erzeugnisse:			
Anfangsbestand	160.000,00	100.000,00	60.000,00
Endbestand	170.000,00	120.000,00	50.000,00
Umsatzerlöse	880.000,00	550.000,00	330.000,00

Kostenträgerblatt

Kalkulationsschema	Verrechnete Normalkosten		
	Insgesamt	**Erzeugnis X**	**Erzeugnis Y**
Fertigungsmaterial	130.000,00	80.000,00	50.000,00
+ Materialgemeinkosten			
= Materialkosten			
Fertigungslöhne FHS A	120.000,00	70.000,00	50.000,00
+ Fertigungsgemeinkosten			
= Fertigungskosten FHS A			
Fertigungslöhne FHS B	100.000,00	60.000,00	40.000,00
+ Fertigungsgemeinkosten			
= Fertigungskosten FHS B			
= Herstellkosten der Erzeugung			
– Mehrbestand unfertige Erzeugnisse			
– Mehrbestand fertige Erzeugnisse			
+ Minderbestand fertige Erzeugnisse			
= Herstellkosten des Umsatzes			
+ Verwaltungsgemeinkosten			
+ Vertriebsgemeinkosten			
= Selbstkosten			
Nettoumsatzerlöse	880.000,00	550.000,00	330.000,00
= Umsatzergebnis			
Kostenüber-/-unterdeckung			
= Betriebsergebnis			
Umsatzergebnisraten			

9 Ermitteln Sie den Prozentanteil der Kostenträger X und Y am Umsatzergebnis und die Wirtschaftlichkeitskoeffizienten der einzelnen Kostenträger.

⑩ Bewerten Sie die Ergebnisse dieser Kostenrechnung und formulieren Sie als Entscheidungsgrundlage für die Geschäftsführung Ursachen der Entwicklung und leiten geeignete Maßnahmen ab.

THEMENPAKET
Inhalte

- **Zuschlagskalkulation als Angebotskalkulation (Differenzkalkulation)**

Situation

Sie sind im Vertrieb der Metallwarenfabrik Schwaben GmbH eingesetzt und damit befasst, Preiskalkulationen für die Produktpalette für die Preisliste und für eingehende Anfragen durchzuführen.

Die Metallwarenfabrik bietet u. a. eine Komfort-Schubkarre dem Einzelhandel (Fachgeschäfte, Baumärkte) an. Für die Komfort-Schubkarre liegt eine Anfrage der namhaften Baumarktkette BAUSELBST über 500 Komfort-Schubkarren für die Region Süd-Niedersachsen zum Preis von 35,00 € pro Stück vor, zu der der Vertriebsleiter eine Rückfrage hat:

Vertriebsleiter Mauer:	„Hallo, hat die Vertreterin Meyer schon angerufen? Die ist doch heute bei der BAUSELBST AG. Die Produktionsleitung möchte wissen, ob von der BAUSELBST AG ein Auftrag kommt."
Sie:	„Hallo Herr Mauer, ja, sie hat angerufen. Die BAUSELBST AG möchte 500 Schubkarren zu je 35,00 € netto (nach Rabatt) beziehen. Die Konkurrenz würde zu diesem Preis anbieten. Das liegt deutlich unter unserem üblichen Zielverkaufspreis. Ich habe deshalb meine Kollegin Victoria angerufen, die arbeitet derzeit im Controlling. Ich wollte wissen, ob wir mit unseren Kosten unter den 35,00 € liegen."
Herr Mauer:	„Und? Liegen wir darunter?"
Sie:	„Victoria sagt ja. Deshalb sind wir der Meinung, dass wir den Auftrag annehmen sollten."
Herr Mauer:	„Also, ich möchte diesen Dumpingpreis nicht vor unserer Geschäftsführung rechtfertigen. Andererseits ..."

ARBEITSAUFTRÄGE

1. Fassen Sie die wesentlichen Aspekte der Situation in eigenen Worten zusammen.

2. Erläutern Sie, warum Herr Mauer hinsichtlich des „Dumpingpreises" der Anfrage hin- und hergerissen ist, diesen vor der Geschäftsführung zu rechtfertigen.

Situation

Die Rückmeldung von Herrn Mauer hat Sie verunsichert. Sie treffen sich deshalb mit Victoria, um über die Anmerkungen von Herrn Mauer zu sprechen. Sie sind sich einig: Um die Problematik besser nachvollziehen zu können, kalkulieren sie den Gewinn bei dem üblichen Listenverkaufspreis und vergleichen diesen mit dem Gewinn, der bei der Anfrage der BAUSELBST AG erzielt werden würde. Victoria hat hierzu die relevanten Daten für die Selbstkosten im System aufgerufen. Sie selbst haben die Preisliste mitsamt Konditionen (Rabatt, Skonto) mitgebracht.

Daten aus der Controlling-Abteilung für die Kalkulation einer Schubkarre:

Kosten je Schubkarre	
Fertigungsmaterial:	10,00 €
Fertigungslöhne:	10,00 €
Materialgemeinkosten	15 %
Fertigungsgemeinkosten	35 %
Verwaltungsgemeinkosten (auf HK)	9 %
Vertriebsgemeinkosten (auf HK)	7 %

Zudem wird bei Verkauf eine Vertreterprovision in Höhe von 7 % je Schubkarre auf den Zielverkaufspreis fällig.

Auszug aus der Preisliste:

Schubkarre – Komfort	
Produktbeschreibung:	Profi-Schubkarre mit 100 l Volumen; Tiefbettmulde, verzinkt; Tragkraft 250 kg; Gewicht 15 kg; doppelte Bodenplatte; pulverbeschichtet; einfache Montage.
Preis pro Schubkarre – Komfort:	**49,99 € netto**
Einführungsrabatt:	15 %
Auszug aus den Zahlungsbedingungen:	3 % Skonto bei Zahlung innerhalb von 10 Tagen.

ARBEITSAUFTRÄGE

3 Berechnen Sie die Höhe des Gewinns, der bei der Realisierung des Listenverkaufspreises und der Gewährung von Rabatt, Skonto und Provision laut Preisliste entstehen würde.

4 Ermitteln Sie zum Vergleich, welcher Gewinn bei der Annahme der Anfrage der BAUSELBST AG erzielt werden würde.

5 Dokumentieren Sie die Rechenschritte der Kundenanfrage für die Bestimmung des Barverkaufspreises sowie des Gewinns in Euro und in Prozent.

6 Zeigen Sie die jeweilige Rechenrichtung durch Pfeile auf.

Hinweis: Informieren Sie sich gegebenenfalls im Schulbuch LF 8, Kapitel 5.3.2.3, S. 331 f.

Schema zur Angebotskalkulation je Schubkarre

	Angebotskalkulation für Preisliste	Angebotskalkulation für Anfrage
Fertigungsmaterial		
Materialgemeinkosten		
Materialkosten		
Fertigungslöhne		
Fertigungsgemeinkosten		
Fertigungskosten		
Herstellkosten (HK)		
Verwaltungsgemeinkosten		
Vertriebsgemeinkosten		
Selbstkosten (SK)		
Gewinn		
Barverkaufspreis		
Skonto		
Vertreterprovision		
Zielverkaufspreis		
Rabatt		
Listenverkaufspreis		

Rechenrichtung

Rechenschritte für Anfrage BAUSELBST AG

- **Barverkaufspreis** ausgehend vom Zielverkaufspreis:
- Bestimmung des Gewinns **in Euro**:
- Bestimmung des Gewinns **in Prozent** (ausgehend von SK):

7 Werten Sie Ihre Ergebnisse vor dem Hintergrund der Aussagen von Herrn Mauer und Ihrer eigenen Vermutungen (siehe Arbeitsauftrag 2) aus und treffen Sie eine begründete Entscheidung, ob die Anfrage der BAUSELBST AG angenommen werden sollte.

Situation

Am nächsten Tag erreicht Sie eine Anfrage eines Baufachmarktes für die Schubkarre deluxe. Aufgrund der Marktstellung im Segment „Luxus-Schubkarren“ muss sich die Metallwarenfabrik Schwaben GmbH an den Marktbedingungen orientieren. Derzeit herrschen für ähnliche Produkte auf dem Markt folgende Konditionen:

Listenverkaufspreis	79,00 €
Kundenskonto	2 %
Kundenrabatt	10 %
Vertreterprovision	6 %

Für die Ermittlung der Selbstkosten liefert das Controlling folgende Daten:

Fertigungsmaterial	20,14 €
Fertigungslöhne	15,00 €
Materialgemeinkosten	15 %
Fertigungsgemeinkosten	35 %
Verwaltungsgemeinkosten	9 %
Vertriebsgemeinkosten	7 %

ARBEITSAUFTRÄGE

8 Berechnen Sie den Gewinn in Euro und in Prozent je Schubkarre deluxe aufgrund der angegebenen Konditionen.

9 Nennen Sie mögliche betriebswirtschaftliche Maßnahmen, die unter den gegebenen Bedingungen eine Erhöhung des Gewinns bewirken würden.

Schema zur Angebotskalkulation je Schubkarre

	Angebotskalkulation für Schubkarre deluxe
Fertigungsmaterial	
Materialgemeinkosten	
Materialkosten	
Fertigungslöhne	
Fertigungsgemeinkosten	
Fertigungskosten	
Herstellkosten	
Verwaltungsgemeinkosten	
Vertriebsgemeinkosten	
Selbstkosten	
Gewinn	
Barverkaufspreis	
Skonto	
Vertreterprovision	
Zielverkaufspreis	
Rabatt	
Listenverkaufspreis	

Maßnahmen zur Erhöhung des Gewinns (bei den gegebenen Bedingungen)

THEMENPAKET
Inhalte

- **Abgrenzungsrechnung, mehrstufiger BAB, Kostenträgerzeitrechnung, Vor- und Nachkalkulation, Kostenabweichungen**

Situation

Sie sind im Rechnungswesen der Fitness Arlborn OHG eingesetzt. Die Fitness Arlborn OHG ist ein Start-up-Unternehmen und stellt ausschließlich hochwertige Yogamatten für den Versandhandel her. Insgesamt hat das Unternehmen eine erfreuliche Entwicklung genommen. In den vergangenen drei Monaten konnten insgesamt 18 000 Yogamatten zu einem Preis von 120,00 € je Matte verkauft werden.

Für das letzte Quartal sollen das Betriebsergebnis und die Kostenabweichungen ermittelt werden, um Optimierungspotenzial zu identifizieren. Während die Abgrenzungsrechnung bereits durchgeführt werden konnte, müssen nun in einem nächsten Schritt die Kosten den Kostenstellen zugerechnet werden, um die Zuschlagssätze zu bestimmen und die Selbstkosten im Rahmen der Kostenträgerzeitrechnung feststellen zu können. Sie werden damit beauftragt, die relevanten Arbeiten durchzuführen.

Daten aus der Betriebsbuchhaltung:

	Kostenarten	€
variable Kosten	1. Fertigungsmaterial	630.000,00
	2. Fertigungslöhne	480.000,00
teilfixe Kosten	3. Gemeinkostenmaterial	70.000,00
	4. Hilfslöhne	120.000,00
	5. Sozialkosten	175.000,00
	6. Strom, Gas, Wasser	30.000,00
	7. Reparaturen	80.000,00
	8. Bürokosten	60.000,00
	9. Werbung	40.000,00
fixe Kosten	10. Gehälter	180.000,00
	11. Gewerbesteuer	10.000,00
	12. Versicherungen	5.000,00
	13. Kalkulatorische Abschreibungen	95.000,00
	14. Kalkulatorische Zinsen	45.000,00
	15. Kalkulatorischer Unternehmerlohn	15.000,00

Im BAB werden folgende Kostenstellen geführt:

Allg. Kostenstellen: I Grundstücke/Gebäude, II Fuhrpark
Hauptkostenstelle: III Materialstelle
Hilfskostenstellen: IV Arbeitsvorbereitung, V Entwicklung
Hauptkostenstellen: VI Schweißerei, VII Dreherei, VIII Montage, IX Verwaltungsstelle, X Vertriebsstelle

Kostenart	Kostenstellen									
	I	II	III	IV	V	VI	VII	VIII	IX	X
1.			630.000							
2.						220.000	160.000	100.000		
3.	–	5.000	–	–	5.000	25.000	25.000	10.000	–	–
4.	–	20.000	10.000	5.000	5.000	35.000	20.000	15.000	–	10.000
5.	5.000	15.000	10.000	10.000	20.000	40.000	20.000	10.000	40.000	5.000
6.	5.000	2.000	1.000	1.000	2.000	10.000	5.000	2.000	1.000	1.000
7.	10.000	8.000	–	–	–	32.000	25.000	3.000	–	2.000
8.	–	–	4.000	9.000	3.000	–	–	–	44.000	–
9.	–	–	–	–	–	–	–	–	–	40.000
10.	–	5.000	15.000	25.000	15.000	13.000	15.000	10.000	60.000	22.000
11.	–	–	–	–	–	–	–	–	10.000	–
12.	3 :	:	1 :	:	:	1 :	:	:	:	–
13.	3 :	1 :	1 :	:	:	5 :	4 :	2 :	2 :	1
14.	2 :	:	1 :	:	1 :	2 :	1 :	1 :	1 :	–
15.	:	:	:	:	:	:	:	:	4 :	1

ARBEITSAUFTRÄGE

1 Erstellen Sie den Betriebsabrechnungsbogen (siehe nachfolgende Seite) und ermitteln Sie die Zuschlagssätze.

Berechnung der Zuschlagssätze:

Betriebsabrechnungsbogen

Kostenart	Zahlen der BER	I	II	III	IV	V	VI	VII	VIII	IX	X
Zuschlagsgrundlagen											
Zuschlagssätze (Ist)											

2 Ermitteln Sie unter Verwendung des Kalkulationsschemas die Selbstkosten. Es wird unterstellt, dass alle hergestellten Yogamatten abgesetzt wurden.

Selbstkosten	

3 Bestimmen Sie auf Basis Ihrer Ergebnisse rechnerisch das Betriebsergebnis.

Situation

Für die Ermittlung der Kostenabweichungen sollen Sie zudem die Kostenträgerzeitrechnung mit Normalkosten durchführen und die Ergebnisse mit der Kostenträgerzeitrechnung mit Istkosten vergleichen. Folgende Normalkostenzuschlagssätze gelten:

Kostenstelle	III	VI	VII	VIII	IX	X
NKZS	10 %	110 %	115 %	95 %	11 %	6 %

ARBEITSAUFTRÄGE

4 Ermitteln Sie die Selbstkosten auf Normalkostenbasis und stellen Sie die Kostenabweichung mit Wert und Richtung (Über- oder Unterdeckung) fest.

	Normalkosten	Istkosten	Kostenabweichung
Selbstkosten			

5 Ermitteln Sie das Umsatzergebnis und werten Sie Ihre Ergebnisse aus.

THEMENPAKET

Inhalte

- Maschinenstundensatzrechnung
- Vor- und Nachkalkulation

Situation

In der Metallfabrik GmbH steht aufgrund der technischen Entwicklungen und der zunehmenden Automatisierung im Produktionsbereich die bisherige Kalkulation in der Kritik. Vor allem der Zuschlagssatz bei der Ermittlung der Fertigungskosten wird von der Produktionsabteilung angezweifelt. So stellt der Produktionsleiter fest: „Die Zurechnung der Fertigungsgemeinkosten auf Basis der Fertigungslöhne ist nicht mehr zeitgemäß. Bei uns sind kaum noch Arbeitskräfte in der Fertigung zu finden, sondern fast alles wird automatisch gefertigt. Da kann ich doch nicht behaupten, dass die Fertigungsgemeinkosten nur durch die Arbeitskräfte entstehen!". Es soll deshalb für drei Stanzen ein Maschinenplatz als eine Fertigungshauptstelle eingerichtet werden, um die hier anfallenden Kosten genau erfassen zu können. Ziel ist es, in dieser Fertigungshauptstelle die Gemeinkosten in maschinenabhängige Kosten und in nicht-maschinenabhängige (Rest-)Gemeinkosten aufzuteilen. Für die maschinenabhängigen Kosten wird ein Maschinenstundensatz ermittelt, der nach der Maschinenlaufzeit die Gemeinkosten zuteilt. Die Restgemeinkosten werden weiterhin mit einem Zuschlagssatz (Zuschlagsgrundlage Fertigungslöhne) weiter verrechnet.

Folgende Gemeinkostenarten müssen in maschinenabhängige und nicht maschinenabhängige Gemeinkosten aufgeteilt werden:

- Kalkulatorische Abschreibungen
- Gehälter
- Soziale Abgaben
- Kalkulatorische Zinsen
- Steuern
- Werkzeugkosten
- Instandhaltungskosten
- Betriebsstoffkosten
- Allgemeine Betriebskosten

Nachdem die Kalkulation auf die Maschinenstundensatzrechnung umgestellt worden ist, sollen zudem für drei vorliegende Aufträge A, B und C die Herstellkosten im Rahmen einer Vor- und Nachkalkulation ermittelt werden.

ARBEITSAUFTRÄGE

1 Fassen Sie die wesentlichen Aspekte der Situation in eigenen Worten zusammen.

2 Ordnen Sie die in der Situation genannten Gemeinkostenarten der nachfolgenden Tabelle zu.

Maschinenabhängige Gemeinkosten	Nicht-maschinenabhängige Gemeinkosten

Situation

Für die Ermittlung der Maschinenstundensätze je Stanze hat das Controlling relevante Daten aufbereitet.

Daten aus der Controlling-Abteilung:

	Stanze I	Stanze II	Stanze III
Anschaffungskosten	84.000,00 €	150.000,00 €	240.000,00 €
Betriebsübliche Nutzungsdauer	15 Jahre	14 Jahre	14 Jahre
Lineare Abschreibung von den Wiederbeschaffungskosten	105.000,00 €	175.000,00 €	280.000,00 €
Kalk. Zinsen auf halbe Anschaffungskosten	9 %	9 %	9 %
Maschinenleistung	15 kW	30 kW	60 kW
Strompreis je kWh	0,24 €	0,24 €	0,24 €
Grundgebühr monatlich	60,00 €	80,00 €	100,00 €
Kosten für Instandhaltung und Wartung pro Jahr	4.000,00 €	8.000,00 €	10.000,00 €
Stand- und Arbeitsfläche	20 m^2	25 m^2	30 m^2
Platzkosten je m^2	40,00 €	40,00 €	40,00 €
Durchschnittliche Werkzeugkosten je Monat	150,00 €	200,00 €	400,00 €
Betriebsstoffkosten je Monat	40,00 €	50,00 €	70,00 €

Die maschinenunabhängigen Fertigungskosten werden für den Monat Oktober für die gesamte Kostenstelle in folgender Höhe ermittelt:

	€
Fertigungslöhne	7.500,00
Hilfslöhne	8.000,00
Soziale Abgaben	3.500,00
Allgemeine Betriebskosten	2.000,00

ARBEITSAUFTRÄGE

3 Bestimmen Sie die allgemeine Berechnungsweise der maschinenabhängigen Gemeinkostenarten je Monat. (Die obigen Informationen aus der Controlling-Abteilung der Metallfabrik GmbH können Sie zur Hilfe heranziehen.)

Maschinenabhängige Gemeinkostenart	Berechnung je Monat
Kalkulatorische Abschreibung	
Kalkulatorische Zinsen	
Energiekosten	
Instandhaltungskosten	
Platzkosten	
Werkzeugkosten	
Betriebsstoffkosten	

4 Berechnen Sie die Maschinenstundensätze für jede Stanze bei den geplanten Beschäftigungen je Monat von:

	Stanze I	Stanze II	Stanze III
Laufstunden	**150**	**120**	**100**

Nutzen Sie die Tabelle auf der nachfolgenden Seite.

Maschinenabhängige Fertigungskosten je Monat

	Stanze I	Stanze II	Stanze III
Kalkulatorische Abschreibung			
Kalkulatorische Zinsen			
Energiekosten			
Instandhaltungskosten			
Platzkosten			
Werkzeugkosten			
Betriebsstoffkosten			
Summe			
Laufzeiten je Monat	150 Stunden	120 Stunden	100 Stunden
Maschinenstundensatz			

5 Ermitteln Sie den Restgemeinkostenzuschlagssatz.

Hinweis: Informieren Sie sich gegebenenfalls im Schulbuch LF 8, Kapitel 5.1.4., S. 304 ff.

Situation

Mithilfe des optimierten Kalkulationsverfahrens (Fertigungshauptstelle für drei Stanzen, Maschinenstundensätze usw.) können nun die Herstellkosten für die Aufträge A, B, C aufgrund der nachfolgenden Daten berechnet werden.

Auftrag A	Stanzen von 5 000 Behälterböden auf Stanze II. Stahlblech: 1.100,00 €, Materialgemeinkostenzuschlag: 4 %, Fertigungslöhne: 70 Stunden zu je 24,50 €, Maschinenstunden: 70 Stunden, Sondereinzelkosten der Fertigung: 500,00 €.
Auftrag B	Stanzen von 8 000 Ventildeckeln auf Stanze I. Stahlblech: 800,00 €, Materialgemeinkostenzuschlag: 4 %, Fertigungslöhne: 40 Stunden zu je 24,50 €, Maschinenstunden: 40 Stunden, Sondereinzelkosten der Fertigung: 200,00 €.
Auftrag C	Stanzen von 4 000 Mantelblechen auf Stanze III. Stahlblech: 3.200,00 €, Materialgemeinkostenzuschlag: 4 %, Fertigungslöhne: 100 Stunden zu je 24,50 €, Maschinenstunden: 100 Stunden, Sondereinzelkosten der Fertigung: 400,00 €.

ARBEITSAUFTRÄGE

6 Kalkulieren Sie aufgrund Ihrer bisherigen Ergebnisse und der obigen Angaben die Herstellkosten für die Aufträge A, B, C.

7 Nach Abschluss der Produktion zeigen sich folgende Abweichungen. Stellen Sie die Nachkalkulation auf.

Auftrag A	Stahlblech: 10%ige Erhöhung der Anschaffungskosten. Fertigungslöhne: 73 Stunden zu je 24,50 €, Maschinenstundensatz: 5%ige Verringerung gegenüber der Norm.
Auftrag B	Stahlblech: 70,00 € Mehrverbrauch, Fertigungslöhne: 40 Stunden zu je 25,10 €, Maschinenstundensatz: 3%ige Erhöhung gegenüber der Norm.
Auftrag C	Materialgemeinkostenzuschlag: 4,3 %, Sondereinzelkosten der Fertigung: 10%ige Verringerung gegenüber der Norm.

6 Vor- und Nachkalkulation der Aufträge A, B, C

	Auftrag A		Auftrag B		Auftrag C	
	Vorkalkulation	Nachkalkulation	Vorkalkulation	Nachkalkulation	Vorkalkulation	Nachkalkulation
Fertigungsmaterial						
+ Materialgemeinkosten						
Materialkosten						
Fertigungslöhne						
+ Restgemeinkosten						
+ Maschinenkosten						

+ Sondereinzelkosten d. F.						
Herstellkosten						
Herstellkosten je Stück						

8 Erläutern Sie allgemein, worauf die Abweichungen zwischen der Vor- und Nachkalkulation für die Aufträge A, B, C zurückzuführen sind.

____

____

____

____

____

9 Erklären Sie, worin Unterschiede zwischen der Vor- und Nachkalkulation bestehen.

____

____

____

____

Mit Controllinginstrumenten den Industriebetrieb führen 7

Investitionsentscheidung auf der Grundlage statischer Investitionsrechnungen 7.5

Situation 1

Das Unternehmen Wolff KG will eine neue Lackieranlage anschaffen, in der Blechgehäuse unterschiedlicher Größe lackiert werden sollen. Es hat zwei Angebote für unterschiedlich leistungsstarke Anlagen AT 1 und AT2 vorliegen. Die Entscheidung zur Anschaffung einer der beiden Anlagen fällt Herr Wolff auf der Basis der statischen Investitionsrechnungen.

Folgende Zusammenstellung der wichtigsten Daten liegen ihm vor:

	Anlage AT 1	Anlage AT 2
Anschaffungskosten	200.000,00 €	120.000,00 €
Technische Kapazität der Maschine	30000 Stück/Monat	25000 Stück/Monat
Wirtschaftliche Kapazität	20000 Stück/Monat	20000 Stück/Monat
Nutzungsdauer	10 Jahre	10 Jahre
Abschreibung linear		linear
Kalkulatorische Zinsen von den halben Anschaffungskosten	10 %	10 %
Sonstige fixe Kosten je Monat	8.500,00 €	6.500,00 €
Materialkosten je Stück	1,80 €	2,00 €
Lohnkosten je Stück	0,70 €	1,50 €
Wegen der unterschiedlichen Kosten werden unterschiedliche Erlöse kalkuliert	110.000,00 €	120.000,00 €

ARBEITSAUFTRAG

Prüfen Sie die günstigere Alternative auf der Basis der wirtschaftlichen Kapazität. Wenden Sie mehrere statische Verfahren an und begründen Sie Ihre Entscheidung.

	Anlage AT 1	Anlage AT 2
Abschreibung linear		
10 % Kalkulatorische Zinsen von den halben Anschaffungskosten		
Sonstige fixe Kosten je Monat		
Gesamte fixe Kosten		
Materialkosten je Stück		
Lohnkosten je Stück		
Gesamte variable Kosten		
Kosten insgesamt		
Wegen der unterschiedlichen Kosten werden unterschiedliche Erlöse kalkuliert		
Gewinn je Monat		
Brutto-Rentabilität		
Amortisationsdauer		

Situation 2

Der Unternehmer Thomas Berg beabsichtigt, einen Schalter als neues Erzeugnis in das Produktionsprogramm aufzunehmen. Aus Konkurrenzgründen will er den Verkaufspreis mit 5,50 €/Stück festgelegen. Ihm stehen für die Produktion drei Produktionsautomaten zu folgenden Bedingungen zur Auswahl:

	Automat A	Automat B	Automat C
Investitionssumme (Anschaffungskosten)	320.000,00	360.000,00	400.000,00
Nutzungsdauer in Jahren	8	8	8
Wirtschaftliche Kapazität in Stück je Jahr		60000	
Abschreibung		linear	
Kalkulatorische Zinsen je Jahr		6 %	
Sonstige fixe Kosten je Jahr	40.000,00	60.000,00	30.000,00
Variabel Kosten je Stück	3,50	3,20	3,00

ARBEITSAUFTRAG

Führen Sie einen Kostenvergleich, einen Gewinnvergleich und einen Rentabilitätsvergleich durch und treffen Sie eine begründete Entscheidung für die Investition.

	Automat A	Automat B	Automat C
Abschreibung linear			
6 % Zinsen von den halben Ansch.-Kosten			
Sonstige fixe Kosten je Jahr			
Fixe Kosten insgesamt			
Variable Kosten insgesamt			
Kosten insgesamt pro Jahr			
Erlöse bei wirtschaftlicher Kapazität			
Gewinn			
Rentabilität			

Flexible Plankostenrechnung

8

- Plankostenrechnung

THEMENPAKET

Inhalte

Situation

In der Thomas Berg KG werden drei in der Größe und in der Ausstattung ähnliche Gehäuse produziert. Für das Gehäuse Typ I stellt die Controlling-Abteilung folgende Angaben als Planvorgaben zur Verfügung:

Planproduktionsmenge	80 000 Gehäuse/Jahr
Istproduktionsmenge in der Periode 01	70 000 Gehäuse/Jahr
Istkosten der Periode 01	4.500.000,00 €

Die Planeinzelkosten belaufen sich auf:

Fertigungsmaterial zu Festpreisen lt. Stückliste	12,75 €/Gehäuse
Fertigungslöhne der Fertigungshauptstelle I lt. Arbeitsplan	5,60 €/Gehäuse
Fertigungslöhne der Fertigungshauptstelle II lt. Arbeitsplan	4,50 €/Gehäuse
Fertigungslöhne der Fertigungshauptstelle III lt. Arbeitsplan	6,70 €/Gehäuse
Fertigungslöhne der Fertigungshauptstelle IV lt. Arbeitsplan	5,45 €/Gehäuse

Die Gemeinkosten werden als Plankosten ausgewiesen; die variablen Gemeinkosten sind mengenabhängig, die fixen Gemeinkosten bleiben über die Perioden hinweg unverändert. Die Einteilung in fixe und variable Gemeinkosten beruht auf internen Untersuchungen:

Gemeinkosten/Jahr	Gesamtkosten	Davon variabel	Davon fix
Aufwendungen für Hilfsstoffe	160.000,00 €	46.000,00 €	114.000,00 €
Aufwendungen für Energie	477.250,00 €	137.500,00 €	339.750,00 €
Hilfslöhne	415.550,00 €	182.300,00 €	233.250,00 €
Soziale Abgaben	660.000,00 €	223.600,00 €	436.400,00 €
Abschreibungen auf Sachanlagen	217.400,00 €	0,00 €	217.400,00 €
Steuern und Zinsen	352.400,00 €	147.900,00 €	204.500,00 €
Aufwendungen für Kommunikation	217.400,00 €	62.700,00 €	154.700,00 €

ARBEITSAUFTRÄGE

1. Bestimmen Sie die gesamten Plankosten bei Planbeschäftigung in der Periode 01 für das Gehäuse Typ I.

2 Berechnen Sie den Plankostenverrechnungssatz und die verrechneten Plankosten bei Istbeschäftigung in der Periode 01.

3 Berechnen Sie die Sollkosten bei Istbeschäftigung. Geben Sie die Rechenvorschrift für die Sollkosten für beliebige Beschäftigungen an und bestimmen Sie die Beschäftigungsabweichung (mit grafischer Darstellung) in der Periode 01.

4 Bestimmen Sie die Verbrauchsabweichung und die Gesamtabweichung (mit grafischer Darstellung) und machen Sie Vorschläge zur Verbesserung der Situation.

5 Zeigen Sie (mit grafischer Darstellung), dass die Beschäftigungsänderung zugleich ein Maßstab für die Leerkosten ist, und geben Sie die Höhe der Nutzkosten an.

Grundlagen der Prozesskostenrechnung

9

- Prozesskostenrechnung 1

THEMENPAKET

Inhalte

Situation

Sie sind in der Betriebsbuchhaltung der Heidtkötter KG damit befasst, die Kostenrechnung für die Abteilung „Sonderlösung Communic Table" für das Jahr 01 zu erstellen. Ihre Aufgabe ist es, neben einer vollständigen Vollkostenrechnung auch die Grundlagen einer Prozesskostenrechnung so darzustellen, dass Ihre Ergebnisse auf der anstehenden Konferenz mit Herrn Heidtkötter präsentiert werden können.

Folgende Unterlage steht Ihnen aus der Finanzbuchhaltung über die Aufwendungen und Erträge des Produkts „Communic Table" zur Verfügung:

Soll	Verkürztes Gewinn- und Verlustkonto der Heidtkötter KG		Haben
6000 Aufwendungen für Rohstoffe	410.000,00	5000 Umsatzerlöse für eig. Erzg.	5.180.000,00
6010 Aufwendungen f. Vorprodukte	1.730.000,00	5431 Erträge aus Vers.-Entschädig.	20.000,00
6020 Aufwendungen für Hilfsstoffe	40.000,00		
6030 Aufwendungen für Betr.-Stoffe	70.000,00		
6040 Aufwendungen für Verp.-Mat.	60.000,00		
6050 Aufwendungen für Treibstoffe	30.000,00		
62.. Löhne	1.260.000,00		
63.. Gehälter	300.000,00		
64.. Soziale Aufwendungen	370.000,00		
6520 Abschreibungen auf Sachanlg.	90.000,00		
6700 Mietaufwendungen	70.000,00		
68.. Aufwendungen für Kommunik.	60.000,00		
6930 Verluste aus Schadensfällen	20.000,00		
70.. Betriebliche Steuern	50.000,00		
7510 Zinsaufwendungen	20.000,00		
8030 Gewinn	620.000,00		
	5.200.000,00		5.200.000,00

ARBEITSAUFTRÄGE

1. Informieren Sie sich über die Form und den Inhalt der Ergebnistabelle.

2. Erstellen Sie aus den obigen Angaben sowie den nachfolgend angegebenen Verrechnungspreisen und kalkulatorischen Kosten die Ergebnistabelle, aus der Sie die gesamten Kosten der Periode ablesen können.

Ergebnistabelle der Klaus Heidtkötter KG für das Jahr 01								
Gesamtergebnisrechnung der Finanzbuchhaltung			**Abgrenzungsrechnung**				**Betriebsergebnisrechnung**	
			Untern.-bez. Abgrenz.		**Kostenrechn. Korrek.**			
Konto	Aufwendungen	Erträge	Neutrale Aufwdg.	Neutrale Erträge	Betriebl. Aufwdg.	Verrechn. Kosten	Kosten	Leistungen

Fortsetzung der Situation

Für die Aufstellung des Betriebsabrechnungsbogens liefert Ihnen die Betriebsbuchhaltung folgende Angaben:

Stahlgestelle für die Tische werden auf Vorrat fremdbezogen; Bildschirme können kurzfristig nach Kundenbestellungen fremdbezogen werden. Die Communic Table werden nur auf Kundenbestellung hin produziert. In der Periode 01 betrug der Absatz 1 800 Communic Table.

Die Einzelkosten „Löhne" verteilen sich nach den Lohnzetteln auf die Fertigungshauptstellen:

- Fertigungshauptstelle I (FHSt I) Tischlerei 650.000,00 €
- Fertigungshauptstelle II (FHSt II) Montage 610.000,00 €

Rohstoffe (Fertigungsmaterial) zu Verrechnungspreisen insgesamt	420.000,00
Vorprodukte/Fremdbauteile zu Verrechnungspreisen insgesamt	1.900.000,00
Hilfsstoffe zu Verrechnungspreisen insgesamt	50.000,00
Betriebsstoffe zu Verrechnungspreisen insgesamt	50.000,00

Kalkulatorische Abschreibungen	100.000,00
Kalkulatorische Zinsen auf das betriebsnotwendige Kapital	50.000,00
Kalkulatorischer Unternehmerlohn für Klaus Heidtkötter begrenzt auf Abteilung	30.000,00

Die übrigen betrieblichen Aufwendungen sind zu ihren Istbeträgen in die Betriebsabrechnungen zu übernehmen.

Als Einzelkosten gehen Rohstoffkosten, die Kosten für Vorprodukte/Fremdbauteile sowie die Löhne direkt in die Kostenträgerrechnung ein.

ARBEITSAUFTRÄGE

3 Informieren Sie sich über Form, Inhalt und Zweck des Betriebsabrechnungsbogens.

4 Erstellen Sie den Betriebsabrechnungsbogen für die Abteilung „Communic Table" unter der Bedingung, dass keine Bestandsänderungen an unfertigen und fertigen Erzeugnissen zu berücksichtigen sind.

Betriebsabrechnungsbogen der Klaus Heidtkötter KG für das Jahr 01

Gemeinkosten	Zahlen der BER	Fuhrpark	Materialstelle	FHSt I Tischlerei	FHSt II Montage	Verw.-Stelle	Vertr.-Stelle
6020							
6030							
6040							
6050							
63..							
64..							
Kalk. Abs.							
6700							
68..							
70..							
Kalk. Zins							
U-Lohn							

Die in den Betriebsabrechnungsbogen einzutragenden Gemeinkosten sind wie folgt auf die Kostenstellen zu verteilen:

Gemeinkosten	Verteilg.-Grundlage	Fuhrpark	Materialstelle	FHSt I Tischlerei	FHSt II Montage	Verw.-Stelle	Vertr.-Stelle
6020	Schlüssel	0	1	5	2	1	1
6030	Schlüssel	5	1	2	0	1	1
6040	Belege	0	5.000,00	25.000,00	0,00	5.000,00	25.000,00
6050	Belege	30.000,00	0,00	0,00	0,00	0,00	0,00
63..	Belege	15.000,00	25.000,00	25.000,00	25.000,00	150.000,00	60.000,00
64..	Belege	55.000,00	55.000,00	85.000,00	85.000,00	35.000,00	55.000,00
Kalk. Abs.	Investition	800.000,00	750.000,00	2.400.000	1.250.000,00	450.000,00	600.000,00

6700	Räume m2	150	400	500	500	150	300
68..	Belege	4.950,00	7.200,00	7.600,00	6.500,00	25.250,00	8.500,00
70..	Beschäf-tigte	3	4	4	7	4	3
Kalk. Zins	Notw. Kap.	700.000,00	800.000,00	1.200.000,00	1.100.000,00	700.000,00	500.000,00
U-Lohn	Schlüssel	1	2	4	4	6	3
Umlage Fuhrpark (Schätzung)			43.300,00	24.000,00	21.000,00	38.300,00	35.900,00

5 Informieren Sie sich über die Gestaltung und den Inhalt der Kostenträgerzeitrechnung sowie der Kostenträgerstückrechnung.

6 Erstellen Sie das Kostenträgerblatt mit den Selbstkosten für die gesamte Tischproduktion, weisen Sie im Kostenträgerblatt den Betriebsgewinn in Euro und Prozent nach und berechnen Sie den Preis für die durchschnittliche Bestellmenge von 2 Communic Table, sowie für 10 und 20 Communic Table.

Kostenträgerblatt auf Istkostenbasis	1 800 Communic Table	2 Communic Table	10 Communic Table	20 Communic Table

Fortsetzung der Situation

Sie haben an einer Fortbildungsveranstaltung zum Thema „Moderne Kostenrechnungssysteme – Prozesskostenrechnung" teilgenommen und wollen Ihre neuen Erkenntnisse auf die bisherige Vollkostenrechnung auf Kostenstellenbasis so anwenden, dass zunächst die Gemeinkosten der **Kostenstelle Vertrieb** verursachungsgerechter den Kundenaufträgen zugerechnet werden können. Dazu stellen Sie folgende Überlegungen an:

- Die Gemeinkosten in der Kostenstelle „Vertrieb" sollen auf die Bedingungen der Prozesskostenrechnung umgestellt werden, da sie nicht von der traditionellen Bezugsgröße (Herstellkosten der Erzeugung), sondern von den Größen „Anzahl der Anfragen", „Anzahl der Angebote", „Anzahl der Lagerbewegungen", „Anzahl der Lieferungen an Kunden", „Anzahl der Kundenbestellungen", „Anzahl der Reklamationen" usw. beeinflusst werden.
- Die Einzelkosten werden zu Festpreisen bewertet; sie lassen sich für jeden Kostenträger unmittelbar ermitteln und werden direkt den Kostenträgern zugeführt.

- Die Kostenstellen im BAB bleiben im Wesentlichen erhalten, insbesondere gilt dies für den Materialbereich, den Fertigungsbereich und den Verwaltungsbereich in seiner jetzigen Verrechnungsform über Zuschlagssätze.
- Folgende Fragen bieten sich Ihnen an, um den Umbau der Kostenstelle „Vertrieb" zu strukturieren:
  1. Welche Tätigkeiten fallen im Vertriebsbereich an?
  2. Wie lassen sich aus den Tätigkeiten Teilprozesse gewinnen, so dass die Teilprozesse Maßstab für die Kostenverursachung sind?
  3. Welche Maßgrößen und Teilprozessmengen lassen sich passend zu den jeweiligen Teilprozessen festlegen?
  4. Wie lassen sich die Gemeinkosten (Teilprozesskosten) für jeden Teilprozess ermitteln?
  5. Wie lassen sich aus Teilprozesskosten und Teilprozessmengen verursachungsgerechte Teilprozesskostensätze errechnen?
  6. Wie kann eine prozessorientierte Kalkulation aufgebaut werden?
- Letztlich ist zu prüfen, ob die Prozesskostenkalkulation zu günstigeren Ergebnissen führt als die Vollkostenkalkulation auf Kostenstellenbasis.

Zur ersten Frage finden Sie alle wesentlichen Tätigkeiten, die in der Kostenstelle „Vertrieb" anfallen, in der folgenden (ungeordneten) Liste aufgeführt. Die Erhebung der Tätigkeiten kann auf der Basis der Unterlagen geschehen, die zur Verfügung stehen (Arbeitsplatzbeschreibungen, Ablaufdiagramme), oder auf der Basis von Mitarbeiterbefragungen.

Tätigkeiten (ungeordnet)	
Kundenaufträge bearbeiten Auftragsmeldungen an Produktion und Lager geben Ausgangsrechnungen erstellen und versenden Communic Table aus der Fertigung übernehmen und einlagern Angebote erstellen und nachverfolgen Absatzmaßnahmen planen und vorbereiten Serviceleistungen für potenzielle Kunden erbringen Werbung betreiben Communic Table verpacken und versandfertig machen Spediteur beauftragen Lieferscheine erstellen und an Lager geben Messebesuch planen Absatzmärkte beobachten Analoge und digitale Werbekampagnen entwerfen Communic Table aufgrund von Lieferscheinen zusammenstellen Versandpapiere erstellen Verhandlungen mit Kunden führen Kunden betreuen und besuchen Communic Table auf Lkw verladen und versenden Mitarbeiter beauftragen Kontakt mit anderen Abteilungen halten	

ARBEITSAUFTRÄGE

7 Fassen Sie die zusammengehörigen Tätigkeiten zu vier sinnvollen Teilprozessen[1] zusammen. Geben Sie den Teilprozessen charakteristische Namen und achten Sie auf folgende Reihung der Teilprozesse:

- Der erste Teilprozess (TP I) bündelt die routinemäßigen Tätigkeiten, die unabhängig von der Bestellmenge anfallen.
- Der zweite Teilprozess (TP II) umfasst alle Marketingaufgaben.
- Der dritte Teilprozess (TP III) beinhaltet alle bestellmengenabhängigen Tätigkeiten.
- Der vierte Teilprozess (TP IV) beschreibt diejenigen Tätigkeiten, die zur Leitung der Abteilung „Vertrieb" gehören.

1 Teilprozesse fassen diejenigen Tätigkeiten zusammen, die zu einem gemeinsamen Arbeitsergebnis führen.

Tätigkeiten (geordnet nach Teilprozessen)	Teilprozesse
	TP I
	TP II
	TP III
	TP IV

8 Gliedern Sie danach die im Betriebsabrechnungsbogen ausgewiesenen Gemeinkosten der Vertriebsstelle auf die Teilprozesse um. Für die Umgliederung verwenden Sie die nachfolgende Tabelle, in der die Schlüsselzahlen zur Umgliederung vermerkt sind.

Auszug aus BAB S. ...		Umgliederung	Teilprozesskosten der Vertriebsstelle			
Gemeinkosten	**Vertriebsstelle**		**TP I**	**TP II**	**TP III**	**TP IV**
6020			2	2	5	1
6030			2	1	6	1
6040			0	0	25.000	0
6050			–	–	–	–
63..			2	1	1	1
64..			2	2	5	1
Kalk. Abschr			2	1	3	2
6700			1	1	4	1
68..			2	3	1	4
70..			1	1	1	2
Kalk. Zinsen			1	1	2	1
Untern.-Lohn			2	2	3	3
Umlage Fuhrpark			1	1	2	1

9 Informieren Sie sich in Ihrem Lehrbuch über die Bestimmung von Maßgrößen sowie die Berechnung von Teilprozessmengen. Die Maßgrößen und die Teilprozessmengen sind in der folgenden Übersicht aufgeführt. Beachten Sie folgende Hinweise:

- Der ersten Teilprozess wird den Kunden unabhängig von der Bestellmenge und der Anzahl der Auslieferungen nur einmal mit den Teilprozesskosten belastet. Grundlage der Berechnung ist die durchschnittliche Anzahl von 900 Kundenbestellungen/Auslieferungen im Geschäftsjahr, das entspricht 2 Communic Table.
- Der zweite Teilprozess bezieht sich auf Neukunden, die über Marketingmaßnahmen angesprochen werden sollen; er betrifft nicht Bestandskunden, bleibt also in der vorliegenden Prozesskostenkalkulation unberücksichtigt.
- Beim dritten Teilprozess ist die Anzahl der Kundenbestellungen/Auslieferungen (900) Grundlage der Berechnung. Der Kunde wird mit der tatsächlichen Anzahl der bestellten Communic Table belastet.

10 Berechnen Sie die Teilprozesskostensätze (TPKS) unter Anwendung der nachfolgenden Arbeitshilfen. Beachten Sie dabei die folgenden Angaben:

Teilprozesse	Teilprozesskosten	Maßgrößen	Teilprozessmengen	lmi-TPKS	Umlagesätze	TPKS gerundete Werte
TP I		Anzahl der Kundenbestellungen/ Auslieferungen	900			
TP II		Anzahl Marketingmaßnahmen	500			
TP III		Anzahl der Auslieferungen	900			
Summe						
TP IV						
Summe						

ARBEITSHILFE

Für alle Teilprozesse, denen Maßgrößen sowie Teilprozessmengen zugeordnet sind – es handelt sich um sog. leistungsmengeninduzierte (lmi) Prozesse – gelten die folgenden Rechenvorschriften:

Teilprozesskostensatz (TPKS) für lmi-Prozesse = Teilprozesskosten : Teilprozessmenge

Die Teilprozesse, denen keine Maßgröße mit Teilprozessmenge zugeordnet ist – es handelt sich um sog. leistungsmengenneutrale (lmn) Prozesse –, werden anteilig auf die lmi-Prozesse umgelegt (Umlagesatz). Die Umlage erfolgt in mehreren Schritten:

Umlageeinheit = Kosten des lmn-Teilprozesses : Teilprozesskosten aller lmi-Prozesse

Anschließend wird für jeden lmi-Teilprozess der sog. Umlagesatz errechnet:

Umlagesatz eines lmi-Teilprozesses = Umlageeinheit · Teilprozesskostensatz

Der gesamte Prozesskostensatz für einen Teilprozess setzt sich dann aus dem Teilprozesskostensatz und dem zugehörigen Umlagesatz zusammen:

gesamter Teilprozesskostensatz = lmi-Teilprozesskostensatz + Umlagesatz

ARBEITSAUFTRÄGE

11 Informieren Sie sich über den Aufbau einer Selbstkostenkalkulation, die hier als Grundlage der Prozesskostenkalkulation dienen soll.

12 Erstellen Sie aus den obigen Daten eine teilweise Prozesskostenkalkulation (Vertrieb) auf der Basismengen von 2, 10, 20 Communic Table. In dieser Kalkulation sind die fehlenden Gemeinkosten sowie Gemeinkostenzuschläge aus dem Betriebsabrechnungsbogen zu übernehmen.

Kalkulation mit teilweisen Prozesskosten	2 Communic Table	10 Communic Table	20 Communic Table

Nebenrechnung zum III. Teilprozess:

13 Stellen Sie in einer Präsentation die wesentlichen Ergebnisse Ihrer Arbeit dar.

(Hier sind die Ergebnisse der Vollkostenkalkulation und der – teilweisen – Prozesskostenkalkulation – so wie oben gezeigt – darzustellen. Über einen zusätzlichen Text lassen sich die Ergebnisse erläutern.)

- **Prozesskostenrechnung 2**

THEMENPAKET
Inhalte

Situation

Herr Kolberg, Inhaber der Kolberg KG, hat an einer Fortbildungsveranstaltung zum Thema „Moderne Kostenrechnungssysteme" teilgenommen und will seine Kostenrechnung so umgestalten, dass die Gemeinkosten verursachungsgerechter den Kundenaufträgen zugerechnet werden können. Er will dabei schrittweise vorgehen und die Erkenntnisse, die er über die Prozesskostenrechnung gewonnen hat, am Beispiel der Kostenstelle Material nutzen:

- Er konzentriert sich auf die Gemeinkosten; die Einzelkosten bewertet er zu Festpreisen. Die Einzelkosten lassen sich für jeden Kostenträger unmittelbar ermitteln; sie werden direkt den Kostenträgern zugeführt.
- Er behält die Kostenstellen seiner bisherigen Kostenrechnung bei.
- Den Fertigungsbereich tastet er in seiner jetzigen Verrechnungsform über Zuschlagssätze nicht an.
- Er konzentriert sich auf die Gemeinkosten in den indirekten Bereichen (Fuhrpark, Material, Verwaltung, Vertrieb), da diese nicht von den traditionellen Bezugsgrößen (Fertigungslöhne, Maschinenstunden), sondern von anderen Größen beeinflusst werden (Anzahl der Anfragen, Anzahl der Angebote, Anzahl der Lagerbewegungen, Anzahl der Materialeingänge, Anzahl der Lieferungen an Kunden, Anzahl der Kundenbestellungen, Anzahl der Reklamationen usw.).
- Er will den Materialbereich nach den Vorstellungen der Prozesskostenrechnung umbauen. Dabei legt er sich die folgenden strukturierenden Fragen vor:
  1. Welche Tätigkeiten fallen im Materialbereich an?
  2. Wie lassen sich aus den Tätigkeiten Teilprozesse gewinnen, sodass die Teilprozesse Maßstab für die Kostenverursachung sind?
  3. Welche Maßgrößen und Teilprozessmengen lassen sich passend zu den jeweiligen Teilprozessen festlegen?
  4. Wie lassen sich die Gemeinkosten (Teilprozesskosten) für jeden Teilprozess ermitteln?
  5. Wie lassen sich aus Teilprozesskosten und Teilprozessmengen verursachungsgerechte Teilprozesskostensätze errechnen?
  6. Wie kann eine prozessorientierte Kalkulation aufgebaut werden?

ARBEITSAUFTRÄGE

1. Fassen Sie die nachfolgenden Tätigkeiten zu maximal vier Teilprozessen zusammen und finden Sie zutreffende Bezeichnungen.

- Engpässe aufspüren
- Eingangsmeldungen an Einkaufsabteilung geben
- Werkstoffe in Lager einsortieren
- eingehende Werkstoffe in Empfang nehmen
- Eingangsmeldungen an Einkaufsabteilung geben
- Werkstoffausgaben quittieren lassen
- Disponieren
- Menge und Qualität anhand der Bestellkopien kontrollieren
- Werkstoffe pflegen
- Lagerbestände kontrollieren und ggf. umsortieren
- mit vor- und nachgelagerten Abteilungen zusammenarbeiten
- Materialentnahmescheine verwalten
- Werkstoffausgaben durch Materialentnahmescheine belegen
- beschädigte oder fehlerhafte Sendungen reklamieren
- Lagerhüter vermeiden
- Einkaufsunterlagen verwalten

- auf Meldebestände, Wirtschaftlichkeit und Rentabilität achten
- Werkstoffausgaben auf Lagerkarten vermerken
- Werkstoffeingänge auf Lagerkarte vermerken

Tätigkeiten	Teilprozesse

2 Gliedern Sie die Gemeinkosten der Materialstelle auf die Teilprozesse um, und zwar so, dass ein Teilprozess mit dem Namen „Materialstelle verwalten und leiten" ausgewiesen wird.

Den Auszug aus dem Betriebsabrechnungsbogen (BAB) sowie die Umrechnungsschlüssel für die indirekten Umgliederungen der Gemeinkosten finden Sie nachfolgend:

Auszug aus BAB		Umgliederung	Teilprozesskosten der Materialstelle			
Gemeinkosten	**Materialstelle**		**TP 1:**	**TP 2:**	**TP 3:**	**TP 4:**
Hilfsstoffe	80.000,00	indirekt				
Betriebsstoffe	4.000,00	indirekt				
Gehälter	80.000,00	direkt	40.000,00	20.000,00	10.000,00	10.000,00
Löhne	30.000,00	direkt	–	30.000,00	–	–
AG-Anteil SV	24.000,00	direkt	8.000,00	10.000,00	3.000,00	3.000,00
Abschreibungen	40.000,00	indirekt				
Bürokosten	14.000,00	direkt	8.000,00	2.000,00	2.000,00	2.000,00
Mietaufwendungen	44.000,00	indirekt				
Betriebliche Steuern	30.000,00	indirekt				
Kalkulator. Zinsen	56.000,00	indirekt				
Untern.-Lohn	–					
Summe	402.000,00					

Umgliederungsschlüssel:

Gemeinkosten	Umschlüsselung nach:	Teilprozess 1:	Teilprozess 2:	Teilprozess 3:	Teilprozess 4:
Hilfsstoffe	Prozentangaben	25 %	40 %	25 %	10 %
Betriebsstoffe	Prozentangaben	20 %	60 %	10 %	10 %
Abschreibungen	Anschaffungskosten in Euro	250.000,00	450.000,00	50.000,00	50.000,00
Mietaufwendungen	Fläche in m^2	80	200	60	60
Betr. Steuern	Zahl der Arbeitnehmer	5	16	5	4
Kalk. Zinsen	Betriebsnotwendiges Kapital	200.000,00	400.000,00	50.000,00	50.000,00

3 Die Teilprozessmengen sind nach der Anzahl der Vorgänge wie folgt festzulegen:

Die Produktion erfolgt aufgrund von Kundenbestellungen nach dem Just-in-time-Prinzip, d. h., die erforderlichen Materialien werden erst mit Eingang der Kundenbestellung angeliefert. Die Jahresproduktion wird auf 100 000 Geräte geplant. Die Kapazität des Beschaffungslagers ist für Materialien von 500 Geräten ausgelegt. An den Produktionsmaschinen kann das Material für 250 Geräte gelagert werden.

Teilprozesse	Teilprozesskosten (TPK)	Maßgrößen	Teilprozessmengen
		Anzahl der Anlieferungen	
		Anzahl der Einlagerungen	
		Anzahl der Werkstoffausgaben	
		–	

Berechnen Sie aufgrund der obigen Kapazitäten die Teilprozesskostensätze je Teilprozess:

Teil-prozesse	Teilpro-zess-kosten	Maßgrößen	Teilpro-zess-mengen	Teil-prozess-kosten-sätze	Umlage-sätze gerundet	Gesamte Teilpro-zesskos-tensätze
I		Anzahl der Anliefg.				
II		Anzahl der Einlag.				
III		Anzahl der W.-Ausg.				
IV						

ARBEITSHILFE

Für alle Teilprozesse, denen Maßgrößen sowie Teilprozessmengen zugeordnet sind – es handelt sich um sog. leistungsmengeninduzierte (lmi) Prozesse – gelten die folgenden Rechenvorschriften:

Teilprozesskostensatz (TPKS) für lmi-Prozesse = Teilprozesskosten : Teilprozessmenge

Die Teilprozesse, denen keine Maßgröße mit Teilprozessmenge zugeordnet ist – es handelt sich um sog. leistungsmengenneutrale (lmn) Prozesse –, werden anteilig auf die lmi-Prozesse umgelegt (Umlagesatz). Die Umlage erfolgt in mehreren Schritten:

Umlageeinheit = Kosten des lmn-Teilprozesses : Teilprozesskosten aller lmi-Prozesse

Anschließend wird für jeden lmi-Teilprozess der sog. Umlagesatz errechnet:

Umlagesatz eines lmi-Teilprozesses = Umlageeinheit · Teilprozesskostensatz

Der gesamte Prozesskostensatz für einen Teilprozess setzt sich dann aus dem Teilprozesskostensatz und dem zugehörigen Umlagesatz zusammen:

gesamter Teilprozesskostensatz = lmi-Teilprozesskostensatz + Umlagesatz

ARBEITSAUFTRAG

Situation

4 Erstellen Sie auf der Grundlage der obigen Daten und der unten angegebenen Einzelkosten eine Prozesskostenkalkulation auf der Basismenge von 500 Geräten. In dieser Kalkulation sind weitere Gemeinkosten sowie Gemeinkostenzuschläge aus dem Betriebsabrechnungsbogen zu berücksichtigen.

Kalkulationsschema	... Stück
Fertigungsmaterial je Stück 33,50 €	
Materialgemeinkosten: **TPKS I:** **TPKS II:** **TPKS III:**	
Materialkosten	
Fertigungslöhne je Stück 42,00 €	
+ 125 % Fertigungsgemeinkosten	
Fertigungskosten	
Herstellkosten je Stück	
+ 20 % Verwaltungsgemeinkosten lt. BAB + 8 % Vertriebsgemeinkosten lt. BAB	
Selbstkosten für 500 Geräte	
Selbstkosten je Gerät	

Schemata zu den Aufgaben des Lehrbuchs

3 Abgrenzungsrechnung

Aufgabe 2

Ergebnistabelle Schneider OHG

Finanzbuchhaltung (RK I)			Kosten- und Leistungsrechnung (RK II)			
Gesamtergebnisrechnung der FB			Abgrenzungsrechnung		Betriebsergebnisrechnung	
Kto.-Nr.	Aufwendungen	Erträge	Aufwendungen	Erträge	Kosten	Leistungen
5000		1.268.000,00				
5202		120.000,00				
5401		12.000,00				
5410		56.000,00				
5431		14.000,00				
5500		30.000,00				
5710		40.00,00				
60..	330.000,00					
6160	3.000,00					
6200	520.000,00					
6300	130.000,00					
6400	140.000,00					
6520	60.000,00					
6979	47.000,00					
7030	10.000,00					
7460	16.000,00					

Abstimmung der Ergebnisse

1. Gesamtergebnis im RK I (Unternehmensergebnis) __________
2. Neutrales Ergebnis (Abgrenzungsergebnis) __________
3. + Betriebsergebnis __________
4. Gesamtergebnis im RK II __________

3 Abgrenzungsrechnung

Aufgabe 3

Ergebnistabelle

Finanzbuchhaltung (RK I)			Kosten- und Leistungsrechnung (RK II)			
Gesamtergebnisrechnung der FB			Abgrenzungsrechnung		Betriebsergebnisrechnung	
Kto.-Nr.	Aufwendungen	Erträge	Aufwendungen	Erträge	Kosten	Leistungen
5000		800.000,00				
5410		10.000,00				
5431		45.000,00				
5710		20.000,00				
6000	270.000,00					
6020	50.000,00					
6200	350.000,00					
6300	90.000,00					
6400	40.000,00					
6800	3.000,00					
6979	9.000,00					
7510	10.000,00					
7700	25.000,00					

Abstimmung der Ergebnisse

1. Gesamtergebnis im RK I (Unternehmensergebnis) ____________________
2. Neutrales Ergebnis (Abgrenzungsergebnis) ____________________
3. + Betriebsergebnis ____________________
4. Gesamtergebnis im RK II ____________________

3 Abgrenzungsrechnung

Aufgabe 4

Ergebnistabelle

Finanzbuchhaltung (RK I)			Kosten- und Leistungsrechnung (RK II)			
Gesamtergebnisrechnung der FB			Abgrenzungsrechnung		Betriebsergebnisrechnung	
Kto.-Nr.	Aufwendungen	Erträge	Aufwendungen	Erträge	Kosten	Leistungen
5000		1.450.000,00				
5202		40.000,00				
5401		5.000,00				
5431		8.000,00				
5710		3.000,00				
60..	510.000,00					
6200	620.000,00					
6300	175.000,00					
6400	95.000,00					
6700	15.000,00					
6930	7.000,00					
70/77	34.000,00					
7510	12.000,00					

Abstimmung der Ergebnisse

1. Gesamtergebnis im RK I (Unternehmensergebnis) ____________
2. Neutrales Ergebnis (Abgrenzungsergebnis) ____________
3. \+ Betriebsergebnis ____________
4. Gesamtergebnis im RK II ____________

3 Abgrenzungsrechnung

Aufgabe 5

Ergebnistabelle Meyer GmbH

Finanzbuchhaltung (RK I)			Kosten- und Leistungsrechnung (RK II)			
Gesamtergebnisrechnung der FB			Abgrenzungsrechnung		Betriebsergebnisrechnung	
Kto.-Nr.	Aufwendungen	Erträge	Aufwendungen	Erträge	Kosten	Leistungen
5000		3.245.000,00				
5431		25.000,00				
60..	1.220.000,00					
62–64	1.550.000,00					
6520	215.000,00					

Abstimmung der Ergebnisse

1. Gesamtergebnis im RK I (Unternehmensergebnis) ______
2. Neutrales Ergebnis (Abgrenzungsergebnis) ______
3. + Betriebsergebnis ______
4. Gesamtergebnis im RK II ______

3 Abgrenzungsrechnung

Aufgabe 6

Ergebnistabelle Heinz Schnell e. K.

Finanzbuchhaltung (RK I)			Kosten- und Leistungsrechnung (RK II)			
Gesamtergebnisrechnung der FB			Abgrenzungsrechnung		Betriebsergebnisrechnung	
Kto.-Nr.	Aufwendungen	Erträge	Aufwendungen	Erträge	Kosten	Leistungen
5000		1.381.500,00				
5202		14.200,00				
5300		13.700,00				
5410		24.800,00				
5431		16.300,00				
5600		22.500,00				
5710		7.800,00				
5780		8.200,00				
6000	225.000,00					
6150	28.500,00					
6160	39.600,00					
6200	375.000,00					
6300	410.000,00					
6400	165.000,00					
6420	13.200,00					
6440	28.400,00					
6520	42.800,00					
6700	21.200,00					
6870	36.100,00					
6979	2.200,00					
70..	8.400,00					
7400	5.200,00					
7510	33.900,00					

Abstimmung der Ergebnisse

1. Gesamtergebnis im RK I (Unternehmensergebnis) __________
2. Neutrales Ergebnis (Abgrenzungsergebnis) __________
3. + Betriebsergebnis __________
4. Gesamtergebnis im RK II __________

3 Abgrenzungsrechnung

Aufgabe 14

Ergebnistabelle Schneider OHG

Finanzbuchhaltung (RK I)			Kosten- und Leistungsrechnung (RK II)					
Gesamtergebnisrechnung der FB			Abgrenzungsrechnung				Betriebsergebnisrechnung	
			Unternehmensbezogene Abgrenzungen		Kostenrechnerische Korrekturen			
Kto.-Nr.	Aufwendungen	Erträge	Aufwendungen	Erträge	Aufwendungen	Verrechnete Kosten	Kosten	Leistungen
5000		1.268.000,00						
5202		120.000,00						
5401		12.000,00						
5410		56.000,00						
5431		14.000,00						
5500		30.000,00						
5710		4.000,00						
60..	330.000,00							
6160	3.000,00							
6200	520.000,00							
6300	130.000,00							
6400	140.000,00							
6520	60.000,00							
6979	47.000,00							
7030	10.000,00							
7460	16.000,00							
Kalkulatorsiche Abschreibung								
Kalkulatorischer Unternehmerlohn								

Abstimmung der Ergebnisse

Gesamtergebnis im RK I (Unternehmensergebnis)		____________
Ergebnis der unternehmensbezogenen Abgrenzungen	____________	
+ Ergebnis aus kostenrechnerischen Korrekturen	____________	
= Neutrales Ergebnis (Abgrenzungsergebnis)	____________	
+ Betriebsergebnis	____________	
Gesamtergebnis im RK II		____________

3 Abgrenzungsrechnung

Aufgabe 15

Hinweis: Kostenrechnerische Korrekturen bitte direkt in der Zeile aus dem RK I in der entsprechenden Spalte des RK II erfassen.

Ergebnistabelle Heinz Schnell e. K.

Finanzbuchhaltung (RK I)			Kosten- und Leistungsrechnung (RK II)					
Gesamtergebnisrechnung der FB			Abgrenzungsrechnung				Betriebsergebnisrechnung	
			Unternehmensbezogene Abgrenzungen		Kostenrechnerische Korrekturen			
Kto.-Nr.	Aufwendungen	Erträge	Aufwendungen	Erträge	Aufwendungen	Verrechnete Kosten	Kosten	Leistungen
5000		1.381.500,00						
5202		14.200,00						
5300		13.700,00						
5410		24.800,00						
5431		16.300,00						
5600		22.500,00						
5710		7.800,00						
5780		8.200,00						
6000	225.000,00							
6150	28.500,00							
6160	39.600,00							
6200	375.000,00							
6300	410.000,00							
6400	165.000,00							
6420	13.200,00							
6440	28.400,00							
6520	42.800,00							
6700	21.200,00							
6870	36.100,00							
6979	2.200,00							
70..	8.400,00							
7400	5.200,00							
7510	33.900,00							
Kalkulator. Unternehmerlohn								

Abstimmung der Ergebnisse

Gesamtergebnis im RK I (Unternehmensergebnis) ______________

Ergebnis der unternehmensbezogenen Abgrenzungen ______________

+ Ergebnis aus kostenrechnerischen Korrekturen ______________

= Neutrales Ergebnis (Abgrenzungsergebnis) ______________

+ Betriebsergebnis ______________

Gesamtergebnis im RK II ______________

3 Abgrenzungsrechnung

Aufgabe 16

Ergebnistabelle Walter KG

Finanzbuchhaltung (RK I)			Kosten- und Leistungsrechnung (RK II)					
Gesamtergebnisrechnung der FB			Abgrenzungsrechnung				Betriebsergebnisrechnung	
			Unternehmensbezogene Abgrenzungen		Kostenrechnerische Korrekturen			
Kto.-Nr.	Aufwendungen	Erträge	Aufwendungen	Erträge	Aufwendungen	Verrechnete Kosten	Kosten	Leistungen
5000		3.100.000,00						
5100		450.000,00						
5202	20.000,00							
5401		65.000,00						
5710		30.000,00						
6000	750.000,00							
6080	300.000,00							
6200	900.000,00							
6300	520.000,00							
6400	250.000,00							
6520	210.000,00							
6700	45.000,00							
6900	60.000,00							
7000	80.000,00							
7510	45.000,00							
Kalkulator. Abschreibungen								
Kalkulator. Zinsen								
Kalkulator. Unternehmerlohn								

Abstimmung der Ergebnisse

Gesamtergebnis im RK I (Unternehmensergebnis) ____________

Ergebnis der unternehmensbezogenen Abgrenzungen ____________
+ Ergebnis aus kostenrechnerischen Korrekturen ____________

= Neutrales Ergebnis (Abgrenzungsergebnis) ____________
+ Betriebsergebnis ____________

Gesamtergebnis im RK II ____________

3 Abgrenzungsrechnung

Aufgabe 17

Ergebnistabelle

Finanzbuchhaltung (RK I)			Kosten- und Leistungsrechnung (RK II)					
Gesamtergebnisrechnung der FB			Abgrenzungsrechnung				Betriebsergebnisrechnung	
			Unternehmensbezogene Abgrenzungen		Kostenrechnerische Korrekturen			
Kto.-Nr.	Aufwendungen	Erträge	Aufwendungen	Erträge	Aufwendungen	Verrechnete Kosten	Kosten	Leistungen
5000		670.000,00						
5202		32.000,00						
5300		35.000,00						
5410		29.600,00						
5420		2.200,00						
5710		3.100,00						
60..	185.500,00							
6160	1.850,00							
6200	138.600,00							
6300	159.800,00							
6400	27.400,00							
6520	61.000,00							
6700	10.500,00							
6800	5.600,00							
6930	45.000,00							
6979	16.200,00							
70–77	21.400,00							
7510	2.300,00							
Kalkulator. Abschreibungen								
Kalkulator. Unternehmerlohn								
Kalkulator. Zinsen								

Abstimmung der Ergebnisse

Gesamtergebnis im RK I (Unternehmensergebnis)		______
Ergebnis der unternehmensbezogenen Abgrenzungen	______	
+ Ergebnis aus kostenrechnerischen Korrekturen	______	
= Neutrales Ergebnis (Abgrenzungsergebnis)	______	
+ Betriebsergebnis	______	
Gesamtergebnis im RK II		______

5 Vollkostenrechnung im Mehrproduktunternehmen — Aufgabe 3

Betriebsabrechnungsbogen mit Istkosten

Kostenarten	Zahlen der BER	I Material-stelle	II Fertigungs-stelle	III Verwaltungs-stelle	IV Vertriebs-stelle
Hilfsstoffe	11.500,00	200,00	10.700,00	–	600,00
Betriebsstoffe	2.600,00	240,00	1.820,00	360,00	180,00
Hilfslöhne	18.000,00	1.390,00	15.730,00	280,00	600,00
Gehälter	32.800,00	1.600,00	5.400,00	15.300,00	10.500,00
Soziale Abgaben	19.500,00	650,00	10.550,00	5.940,00	2.360,00
Abschreibungen	8.600,00				
Betriebsteuern	4.400,00				
Sonstige Aufwendungen	10.700,00	1.260,00	2.240,00	5.300,00	1.900,00
Summe der Gemeinkosten:	108.100,00	Material-gemeinkosten	Fertigungs-gemeinkosten	Verwaltungs-gemeinkosten	Vertriebs-gemeinkosten
Zuschlagsgrundlagen:		Fertigungs-material	Fertigungs-löhne	Herstellkosten des Umsatzes	
Zuschlagssätze:					

5 Vollkostenrechnung im Mehrproduktunternehmen — Aufgabe 4

Betriebsabrechnungsbogen mit Istkosten

Kostenarten	Zahlen der BER	I Material-stelle	II Fertigungs-stelle	III Verwaltungs-stelle	IV Vertriebs-stelle
Hilfsstoffe	162.500,00	3.500,00	145.200,00	4.500,00	9.300,00
Betriebsstoffe	17.650,00	2.800,00	9.000,00	4.200,00	1.650,00
Hilfslöhne	152.800,00	13.400,00	121.400,00	8.200,00	9.800,00
Gehälter	199.400,00	18.500,00	33.400,00	108.900,00	38.600,00
Soziale Abgaben	153.500,00	9.800,00	89.700,00	32.600,00	21.400,00
Abschreibungen	20.000,00				
Zinsen	22.500,00				
Betriebsteuern	90.500,00	–	71.600,00	18.900,00	–
Miete	120.000,00				
Büro/Werbung	70.800,00	6.800,00	23.400,00	31.500,00	9.100,00
Versicherung	31.200,00				
Summe der Gemeinkosten:	1.040.850,00	Material-gemeinkosten	Fertigungs-gemeinkosten	Verwaltungs-gemeinkosten	Vertriebs-gemeinkosten
Zuschlagsgrundlagen:		Fertigungs-material	Fertigungs-löhne	Herstellkosten des Umsatzes	
Zuschlagssätze:					

5 Vollkostenrechnung im Mehrproduktunternehmen — Aufgabe 7

Betriebsabrechnungsbogen

Kostenarten	Zahlen der BER	Material	Fertigung I	Fertigung II	Verwaltung	Vertrieb
Hilfsstoffe	12.150,00	750,00	5.000,00	6.000,00	150,00	250,00
Hilfslöhne	70.400,00	1.500,00	32.900,00	34.500,00	1.000,00	500,00
Gehälter	180.700,00	4.700,00	38.000,00	25.000,00	92.000,00	21.000,00
Soziale Abgaben	80.000,00					
Abschreibungen	78.000,00	2.000,00	33.500,00	28.000,00	8.000,00	6.500,00
Steuern	110.000,00					
Übrige Kosten	24.000,00					
Istgemeinkosten						
Zuschlagsgrundlagen						
Zuschlagssätze (Ist)						

5 Vollkostenrechnung im Mehrproduktunternehmen — Aufgabe 9

Betriebsabrechnungsbogen

Kostenart	Zahlen der BER	I	II	III	IV	V	VI	VII	VIII	IX
Hilfsstoffaufwand	32.000,00	4.000,00	5.000,00	4.000,00	2.000,00	5.000,00	6.000,00	3.000,00	1.000,00	2.000,00
Hilfslöhne	157.000,00	18.500,00	16.600,00	5.800,00	6.400,00	38.100,00	30.600,00	33.000,00	–	8.000,00
Soziale Abgaben	130.000,00	7.300,00	5.200,00	11.200,00	7.500,00	10.900,00	18.200,00	21.400,00	23.700,00	24.600,00
Instandhaltung	88.000,00									
Reisekosten	45.000,00									
Büromaterial	110.000,00	2.400,00	2.200,00	15.900,00	2.100,00	3.100,00	3.200,00	4.100,00	43.600,00	33.400,00
Gehälter	561.000,00	34.100,00	24.900,00	54.800,00	34.800,00	52.200,00	76.100,00	89.900,00	93.200,00	101.000,00
Betriebsteuern	36.000,00									
Abschreibungen	151.500,00									
Zuschlagsgrundlagen										
Zuschlagssätze (Ist)										

Betriebsabrechnungsbogen

Kostenart	Zahlen der BER	Material	Abrichtanlage			Übrige Fertigungs-stellen	Verwaltung	Vertrieb
			Maschinenabhängige Fertigungskosten		Rest-gemeinkosten			
			fix	variabel				
Allg. Betriebskosten	8.000,00							
Energie	3.000,00	300,00	80,00	600,00	–	1.400,00	500,00	120,00
Betriebsstoffkosten	6.000,00	–	–	1.000,00	–	5.000,00	–	–
Gehälter	20.000,00	2.000,00	2.500,00	–	–	4.500,00	11.000,00	–
Hilfslöhne	35.000,00	3.000,00	–	–	7.000,00	21.500,00	–	3.500,00
Soziale Abgaben	19.000,00	1.200,00	–	–	3.000,00	9.400,00	4.000,00	1.400,00
Kalkulatorische Zinsen	5.000,00	500,00	800,00	–	–	2.600,00	600,00	500,00
Abschreibungen auf Anlagen	9.000,00	200,00	2.500,00	–	–	5.500,00	500,00	300,00
Abschreibungen auf Gebäude	18.000,00	1.800,00	3.500,00	–	–	9.000,00	2.200,00	1.500,00
Reparaturkosten	6.500,00	–	770,00	1.200,00	–	4.200,00	–	330,00
Sonstige Kosten	7.000,00							
Gemeinkosten	136.500,00							
Zuschlagsgrundlagen								
Zuschlagssätze								

Betriebsabrechnungsbogen

Kostenart	Zahlen der BER	Material	Webautomat			Färberei	Veredelung	Verwaltung	Vertrieb
			Maschinengemeinkosten		Rest-gemein-kosten				
			fix	variabel					
Hilfsstoffaufwand	40.000,00	–	–	–	20.000,00	15.000,00	5.000,00	–	–
Hilfslöhne	100.000,00	15.000,00	–	–	25.000,00	40.000,00	20.000,00	–	–
Soziale Abgaben	120.000,00	5.000,00	–	–	30.000,00	20.000,00	10.000,00	40.000,00	15.000,00
Energieaufwand	50.000,00	–	5.000,00	25.000,00	–	10.000,00	5.000,00	5.000,00	–
Reparaturen	30.000,00	–	5.000,00	15.000,00	–	5.000,00	5.000,00	–	–
Gehälter	160.000,00	10.000,00	10.000,00	–	–	–	–	100.000,00	40.000,00
Kalkulatorischer Unternehmerlohn	20.000,00	–	–	–	–	–	–	20.000,00	–
Kalkulatorische Abschreibungen	100.000,00								
Kalkulatorische Zinsen	60.000,00								
Gemeinkosten									
Zuschlagsgrundlagen									
Zuschlagssätze									

5 Vollkostenrechnung im Mehrproduktunternehmen — Aufgabe 17

Betriebsabrechnungsbogen

Kostenart	Zahlen der BER	I Material	II Fertigung	III Verwaltung	IV Vertrieb
Gemeinkostenmaterial	30.000,00	300,00	27.000,00	2.000,00	700,00
Aufwand für Energie	38.700,00				
Gehälter	96.800,00	14.800,00	28.500,00	31.900,00	21.600,00
Soziale Abgaben	18.900,00				
Steuern, Gebühren, Beiträge, Versicherungen	56.000,00				
Verschiedene Kosten	98.000,00				
Kalkulatorische Abschreibungen					
Kalkulatorische Zinsen					
Istgemeinkosten					
Zuschlagsgrundlagen					
Istzuschlagssätze					
Normalzuschlagssätze					
Zuschlagsgrundlagen					
Normalgemeinkosten					
Über-/Unterdeckung					

5 Vollkostenrechnung im Mehrproduktunternehmen — Aufgabe 18

Kostenträgerblatt

	Nr.	Kalkulationsschema	Verrechnete Normalkosten
1–15 Kostenträger-Zeitrechnung	1.		
	2.		
	3.		
	4.		
	5.		
	6.		
	7.		
	8.		
	9.		
	10.		
	11.		
	12.		
	13.		
	14.		
	15.		
16–20 Ergebnisrechnung	16.		
	17.		
	18.		
	19.		
	20.		

Fortsetzung von Aufgabe 18

Betriebsabrechnungsbogen

Kostenart	I Material	II Fertigung	III Verwaltung	IV Vertrieb
Istgemeinkosten	42.000,00	448.000,00	161.000,00	69.000,00
Zuschlagsgrundlagen				
Istzuschlagssätze				
Normalzuschlagssätze	10 %	150 %	20 %	5 %
Zuschlagsgrundlagen				
Normalgemeinkosten				
Über-/Unterdeckung				

Kostenträgerblatt

Kalkulationsschema	Istkosten	Normalkosten	Kostenabweichung
Fertigungsmaterial	400.000,00	400.000,00	
+ Materialgemeinkosten			
= Materialkosten			
Fertigungslöhne	280.000,00	280.000,00	
+ Fertigungsgemeinkosten			
= Fertigungskosten			
= Herstellkosten der Erzeugung			
– Mehrbestand unfertige Erzeugnisse			
+ Minderbestand fertige Erzeugnisse			
= Herstellkosten des Umsatzes			
+ Verwaltungsgemeinkosten			
+ Vertriebsgemeinkosten			
= Selbstkosten			

Nettoumsatzerlöse	1.540.000,00	1.540.000,00	
– Selbstkosten			
= Umsatzergebnis			
+ Kostenüberdeckung			
= Betriebsergebnis			

Betriebsabrechnungsbogen

Kostenart	I Material	II Fertigung	III Verwaltung	IV Vertrieb
Istgemeinkosten				
Zuschlagsgrundlagen				
Istzuschlagssätze				
Normalzuschlagssätze				
Zuschlagsgrundlagen				
Normalgemeinkosten				
Über-/Unterdeckung				

Kostenträgerblatt

Kalkulationsschema	Istkosten	Normalkosten	Kostenabweichung
Fertigungsmaterial			
+ Materialgemeinkosten			
= Materialkosten			
Fertigungslöhne			
+ Fertigungsgemeinkosten			
= Fertigungskosten			
= Herstellkosten der Erzeugung			
– Mehrbestand unfertige Erzeugnisse			
+ Minderbestand fertige Erzeugnisse			
= Herstellkosten des Umsatzes			
+ Verwaltungsgemeinkosten			
+ Vertriebsgemeinkosten			
= Selbstkosten			

Nettoumsatzerlöse			
– Selbstkosten			
= Umsatzergebnis			
+ Kostenüberdeckung			
= Betriebsergebnis			

5 Vollkostenrechnung im Mehrproduktunternehmen — Aufgabe 20

Betriebsabrechnungsbogen

	I Material	II Fertigung	III Verwaltung	IV Vertrieb	Gesamt
Istgemeinkosten	15.200,00	128.500,00	52.890,00	24.470,00	
Zuschlagsgrundlagen					
Istzuschlagssätze					
Verrechnete Normalgemeinkosten					
Über-/Unterdeckung					

Kostenträgerblatt

Kalkulationsschema	**Verrechnete Normalkosten**			
	Insgesamt	**Kostenträger A**	**Kostenträger B**	**Kostenträger C**
Fertigungsmaterial	146.000,00	58.000,00	37.000,00	51.000,00
+ Materialgemeinkosten				
= Materialkosten				
Fertigungslöhne	88.000,00	34.000,00	18.000,00	36.000,00
+ Fertigungsgemeinkosten				
= Fertigungskosten				
= Herstellkosten der Erzeugung				
+ Minderbestand unfertige Erzeugnisse				
– Mehrbestand fertige Erzeugnisse				
= Herstellkosten des Umsatzes				
+ Verwaltungsgemeinkosten				
+ Vertriebsgemeinkosten				
= Selbstkosten				
Nettoumsatzerlöse	434.800,00	198.600,00	144.500,00	91.700,00
Umsatzergebnis				
+ Kostenüberdeckung				
= Betriebsergebnis				

7.5 Investitionsentscheidungen auf der Grundlage statischer Investitionsrechnungen — Aufgabe 7

Bohrautomat	**Angebot A**	**Angebot B**
Variable Kosten pro Jahr bezogen auf wirtschaftl. Kapazität		
Fixe Kosten: Abschreibungen pro Jahr Kalkulatorische Zinsen pro Jahr Sonstige fixe Kosten pro Jahr Gesamte Fixkosten		
Gesamtkosten pro Jahr		
Erlöse pro Jahrbezogen auf die Absatzmenge		
Gewinn pro Jahr		
Nettorentabilität des durchschn. investierten Eigenkapitals		
Bruttorentabilität des durchschn. investierten Eigenkapitals		
Amortisationsdauer:		

7.5 Investitionsentscheidungen auf der Grundlage statischer Investitionsrechnungen — Aufgabe 8

	Investition A	**Investition B**
Variable Kosten pro Jahr bezogen auf wirtschaftl. Kapazität		
Fixe Kosten: Abschreibungen pro Jahr Kalkulatorische Zinsen pro Jahr Sonstige fixe Kosten pro Jahr Gesamte Fixkosten		
Gesamtkosten pro Jahr		
Erlöse pro Jahrbezogen auf die Absatzmenge		
Gewinn pro Jahr		
Nettorentabilität des durchschn. investierten Eigenkapitals		
Bruttorentabilität des durchschn. investierten Eigenkapitals		
Amortisationsdauer:		

7.5 Investitionsentscheidungen auf der Grundlage statischer Investitionsrechnungen

Aufgabe 9

Fertigungsverfahren	**Verfahren A**	**Verfahren B**	**Verfahren C**
Fixe Kosten: Abschreibungen pro Jahr Kalkulatorische Zinsen pro Jahr Sonstige fixe Kosten pro Jahr Gesamte Fixkosten			
Variable Kosten bei 60 000 Stück			
Gesamtkosten pro Jahr			
Erlöse pro Jahr			
Gewinn pro Jahr			
Rentabilität des investierten Eigenkapitals Bruttorentabilität Nettorentabilität			
Amortisationsdauer:			

8.6 Plankostenrechnung

Aufgabe 7

1.

2.

3.

9 Grundlagen der Prozesskostenrechnung

Aufgabe 1

Kostenstelle: Einkauf	
Mögliche Tätigkeiten	**Mögliche Teilprozesse**

9 Grundlagen der Prozesskostenrechnung

Aufgabe 3

Kostenstelle: Verwaltung		
Mögliche Tätigkeiten	**Mögliche Teilprozesse**	**Mögliche Hauptprozesse**

9 Grundlagen der Prozesskostenrechnung — Aufgabe 4

Teilprozesse	Teilprozess-kosten	Maßgrößen	Teilprozess-mengen	Teilprozess-kostensatz	Umlagesatz	Gesamter Teilpro-zesskosten-satz
Fertigerzeugnisse übernehmen und einlagern	88.430,00	Anzahl der Anliefe-rungen	400			
Versandpapiere erstellen	36.320,00	Anzahl der Vorgänge	760			
Erzeugnisse auf Paletten versandfertig machen	74.860,00	Anzahl der Paletten	4000			
Zollpapiere für Auslandsaufträge erstellen	21.400,00	Anzahl der Vorgänge	240			
Eigene Transportfahrzeuge ordern	42.760,00	Anzahl der Vorgänge	650			
Spediteure beauftragen	33.230,00	Anzahl der Vorgänge	280			
Abteilung leiten	58.000,00	–	–			
Summe der Stellengemeinkosten	355.000,00					

9 Grundlagen der Prozesskostenrechnung — Aufgabe 5

Teilprozesse Kostenstelle Vertrieb	Teilprozess-kosten	Teilprozess-mengen	Teilprozess-kostensätze	Umlagesätze	Gesamte Teilprozess-kostensätze absatzabhängig	Gesamte Teilprozess-kostensätze absatzneutral
1. Kundenbestellung bearbeiten						
2. Fertigerzeugnisse übernehmen/einlagern						
3. Erzeugnisse auf Paletten versandfertig machen						
4. Versandpapiere erstellen						
5. Zollpapiere erstellen						
6. Spediteur beauftragen						
7. Abteilung leiten						

Fortsetzung von Aufgabe 5

Kalkulation	1 000 Gehäuse	2 000 Gehäuse
Fertigungsmaterial		
+ 12,5 % Materialgemeinkosten		
= Materialkosten		
Fertigungslöhne I		
+ 115 % Fertigungsgemeinkosten		
= Fertigungskosten I		
Fertigungslöhne II		
+ 83 % Fertigungsgemeinkosten		
= Fertigungskosten II		
Fertigungslöhne III		
+ 80 % Fertigungsgemeinkosten		
= Fertigungskosten III		
Fertigungslöhne IV		
+ 70 % Fertigungsgemeinkosten		
= Fertigungskosten IV		
Herstellkosten		
+ 15 % Verwaltungsgemeinkosten		
+ absatzneutrale Teilprozesskosten		
+ absatzabhängige Teilprozesskosten		
+ absatzabhängige Teilprozesskosten		
Selbstkosten		
Selbstkosten je Gehäuse		

10 Kostenmanagement durch Target costing

Aufgabe 8

Target costing im Industriebetrieb

	Nutzenanteil	Produktstandard-kostenanteil	Zielkostenindex	Obere Toleranzgrenze	Untere Toleranzgrenze
K1	35 %	20 %			
K2	40 %	36 %			
K3	20 %	35 %			
K4	5 %	9 %			

Zielkostenkontrolldiagramm

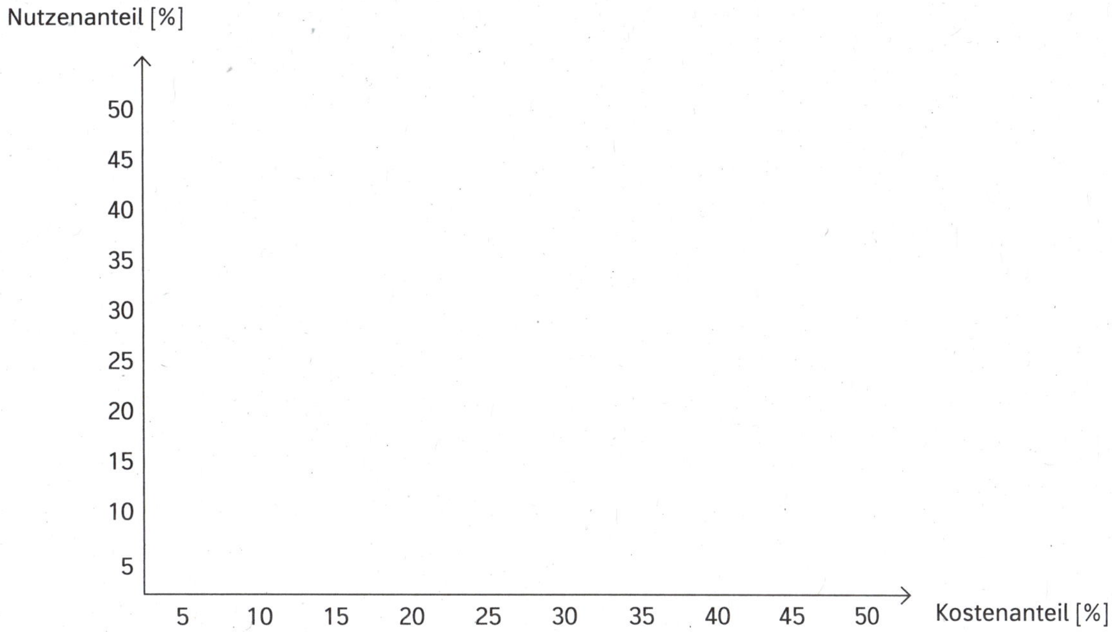

Kostenmanagement

	Handlungsempfehlungen
K1	
K2	
K3	
K4	

Target costing beim Motorradhersteller

	Nutzenanteil Kunden	Kostenanteil Drifting costs	Zielkostenindex
K1 Motor			
K2 Elektrik			
K3 Karosserie			
K4 Steuerung			
K5 Antrieb			

Obere und untere Toleranzgrenzen

Nutzenanteil	Obere Toleranzgrenze	Untere Toleranzgrenze
0 %		
5 %		
10 %		
15 %		
20 %		
25 %		
30 %		
35 %		
40 %		
45 %		
50 %		

Zielkostenkontrolldiagramm

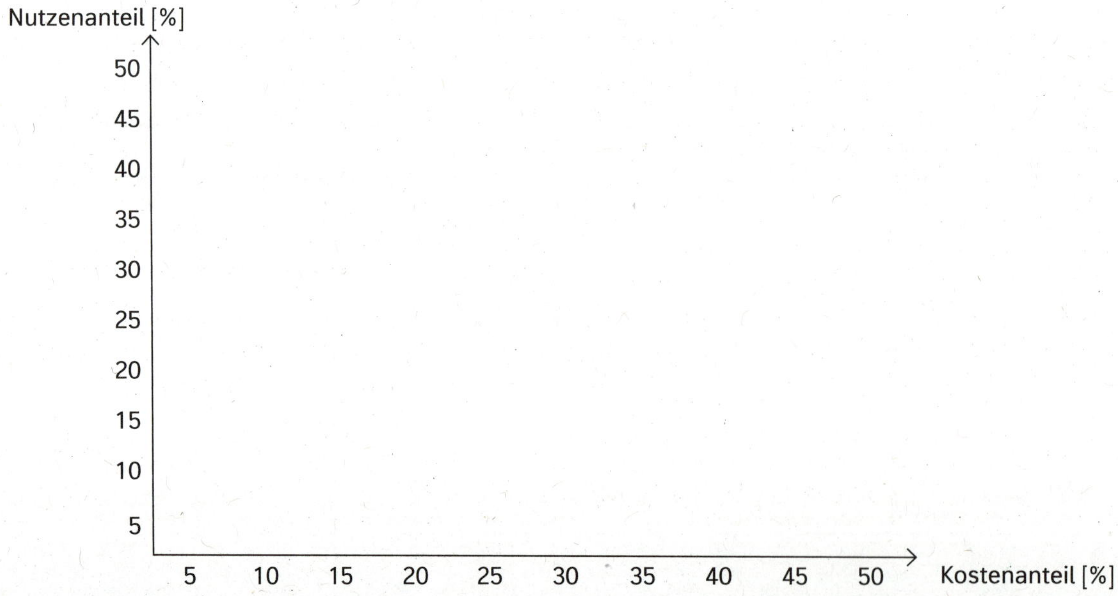

Jahresabschluss vorbereiten, auswerten und für Finanzierungsentscheidungen nutzen

Zeitliche Abgrenzung

3

THEMENPAKET
Inhalte

- Vorbereitende Abschlussbuchungen, insbesondere Rechnungsabgrenzung, Inventurdifferenzen, Abschreibungen
- Abschluss von Erfolgs- und Bestandskonten
- Erstellung der Bilanz und GuV-Rechnung
- Ermittlung der Eigenkapitalrentabilität

Situation

Das Geschäftsjahr des Unternehmens Papierwerke Sina Cramer GmbH entspricht dem Kalenderjahr. In der Finanzbuchhaltung der Gesellschaft soll der Jahresabschluss zum 31. Dezember .. erstellt werden. Die laufenden Buchungen auf den Sachkonten sind bereits ausgeführt worden. Für die Jahresabschlusserstellung müssen nun noch die vorbereitenden Abschlussbuchungen sowie die Abschlussbuchungen durchgeführt werden.

Aus der Finanzbuchhaltung der Papierwerke rufen Sie sich den Kontenplan mit den Salden der Sachkonten ab:

Kontenplan und vorläufige Saldenbilanz		Soll	Haben
0700	Technische Anlagen und Maschinen	1.260.000,00	–
0800	Andere Anlagen/BGA	400.000,00	–
0891	GWG-Sammelposten	8.600,00	–
2000	Rohstoffe	95.000,00	–
2400	Forderungen a. LL	190.760,00	–
2600	Vorsteuer	154.380,00	–
2800	Bank	339.200,00	–
2880	Kasse	7.400,00	–
2900	Aktive Rechnungsabgrenzung	–	–
3000	Eigenkapital	–	811.300,00
3900	Sonstige Rückstellungen	–	10.000,00
4250	Darlehensschulden	–	133.600,00
4400	Verbindlichkeiten a. LL	–	170.000,00
4800	Umsatzsteuer		375.440,00
4890	Sonstige Verbindlichkeiten		110.000,00
4900	Passive Rechnungsabgrenzung	–	–
5000	Umsatzerlöse für eigene Erzeugnisse	–	1.976.000,00
5710	Zinserträge	–	4.000,00
6000	Aufwendungen für Rohstoffe	626.000,00	–
6160	Fremdinstandhaltung	8.000,00	–
6520	Abschreibungen auf Sachanlagen	–	–
6541	Abschreibungen auf GWG-Sammelposten	–	–
6550	Außerplanm. Abschreibungen auf SA	–	–
6700	Mietaufwendungen	145.300,00	–
6770	Rechts- und Beratungskosten	14.000,00	–
6940	Sonstige Aufwendungen	16.000,00	–
7510	Zinsaufwendungen	46.400,00	–
7800	Diverse Aufwendungen	279.300,00	–
8010	Schlussbilanzkonto	–	–
8020	GuV-Konto	–	–
		3.590.340,00	3.590.340,00

Folgende Abschlussangaben liegen Ihnen vor und müssen in der Buchhaltung erfasst werden:

1. Außerplanmäßige Abschreibung: Eine EDV-Anlage, Buchwert 8.500,00 €, hat nur noch einen Wert von 500,00 €.
2. Planmäßige Abschreibungen: TA und Maschinen: 25 % vom Buchwert; BGA: 20 % linear von 500.000,00 € Anschaffungskosten; 20 % auf 0891 GWG-Sammelposten.
3. Bildung einer Prozesskostenrückstellung in Höhe von 32.800,00 € und einer Rückstellung für unterlassene Instandhaltungen über 68.000,00 €.
4. Überweisung der Dezembermiete für die Lagerhalle an den Vermieter Anfang nächsten Jahres: 15.000,00 €.
5. Ein Kunde hatte für einen kurzfristigen Kredit die Halbjahreszinsen in Höhe von 600,00 € am 1. November im Voraus überwiesen.
6. Kassenfehlbetrag lt. Inventur 400,00 € (Ursache ungeklärt).
7. Am 1. Oktober werden 17.100,00 € Halbjahres-Darlehenszinsen im Voraus an die Bank überwiesen.
8. Der Tageswert des Inventurbestands der Rohstoffe beträgt 92.000,00 €. Die durchschnittlichen Anschaffungskosten betragen 80.000,00 €.

ARBEITSAUFTRÄGE

1. Nennen Sie die Buchungssätze für die vorbereitenden Abschlussbuchungen (Grundbuch, S. 145) und übertragen Sie diese auf die Konten (Hauptbuch, S. 146/147).

2. Erstellen Sie den Jahresabschluss für die Papierwerke Sina Cramer GmbH zum 31. Dezember .., indem Sie im Rahmen der Abschlussbuchungen die Ertrags- und Bestandskonten sowie das Gewinn- und Verlustkonto abschließen.

3. Bereiten Sie eine ordnungsgemäß gegliederte Bilanz zum 31. Dezember .. sowie eine Gewinn- und Verlustrechnung für den Zeitraum vom 01. Januar bis zum 31. Dezember .. vor (S. 148).

4. Ermitteln Sie in Prozent die Rentabilität des durchschnittlichen Eigenkapitals und beurteilen Sie, ob sich der Kapitaleinsatz gelohnt hat.

Grundbuch (Journal)

AR (Ausgangsrechnung)
ER (Eingangsrechnung)
BA (Bankauszug)
PA (Postbankauszug)
KB (Kassenbeleg)
SB (Sonstige Belege)
PE (Privatentnahmebeleg)

Datum	Beleg	Buchungstext	Kontierung		Betrag	
			Soll	Haben	Soll	Haben

S	0700 Technische Anlagen und Maschinen	H
1.260.000,00		

S	0800 Andere Anlagen/BGA	H
400.000,00		

S	0891 GWG-Sammelposten	H
8.600,00		

S	2000 Rohstoffe	H
95.000,00		

S	2400 Forderungen a. LL	H
190.760,00		

S	2600 Vorsteuer	H
154.380,00		

S	2800 Bank	H
339.200,00		

S	2880 Kasse	H
7.400,00		

S	2900 Aktive Rechnungsabgrenzung	H

S	3000 Eigenkapital	H
		811.300,00

S	3900 Sonstige Rückstellungen	H
		10.000,00

S	4250 Darlehensschulden	H
		133.600,00

S	4400 Verbindlichkeiten a. LL	H
		170.000,00

S	4800 Umsatzsteuer	H
		375.440,00

S	4890 Sonstige Verbindlichkeiten	H
		110.000,00

S	4900 Passive Rechnungsabgrenzung	H

S	5000 Umsatzerlöse für eigene Erzeugnisse	H
		1.976.000,00

S	5710 Zinserträge	H
		4.000,00

S	6000 Aufwendungen für Rohstoffe H
626.000,00	

S	6160 Fremdinstandhaltung H
8.000,00	

S	6520 Planmäßige Abschreibungen auf Sachanlagen H

S	6541 Abschreibungen auf GWG-Sammelposten H

S	6550 Außerplanmäßige Abschreibungen auf SA H

S	6700 Mietaufwendungen H
145.300,00	

S	6770 Rechts- und Beratungskosten H
14.000,00	

S	6940 Sonstige Aufwendungen H
16.000,00	

S	7510 Zinsaufwendungen H
46.400,00	

S	7800 Diverse Aufwendungen H
279.300,00	

S	8020 Gewinn- und Verlustkonto H

S	8010 Schlussbilanzkonto H

Bilanzbuch

Aktiva **Schlussbilanz zum 31. Dezember ..** **Passiva**

Gewinn- und Verlustrechnung für den Zeitraum vom 01. Januar bis zum 31. Dezember ..

Jahresabschluss der Kapitalgesellschaften 5

THEMENPAKET

Inhalte

- **Auswertung der Bilanz, aufbereitete Bilanz, Bilanzkennzahlen**

Situation

Die Textilwerke M. Hein e. K. ist seit einigen Jahren erfolgreich mit nachhaltiger Textilproduktion tätig. In letzter Zeit ist allerdings die Konkurrenz in diesem Marktsegment größer geworden. Insbesondere durch die Einräumung von Rabatten und zusätzlichen Garantieleistungen an den Einzelhandel sowie durch beschleunigte Lieferung versuchen die Konkurrenten ihren Marktanteil zu erhöhen. Um dabei mithalten zu können, sieht der Geschäftsinhaber Herr Hein die Erneuerung und Vergrößerung seiner Vertriebslogistik als dringend notwendig an. Zur Errichtung eines modernen und vollautomatischen Hochregallagers hat Herr Hein bei der Hausbank einen Kredit in Höhe von 2.500.000,00 € beantragt. Zur vorläufigen Prüfung der Kreditwürdigkeit wurde im ersten Schritt die zusammengefasste Bilanz der letzten beiden Jahre vorgelegt.

Daten aus dem Rechnungswesen der Textilfabrik M. Hein e. K.:

Aktiva	Berichtsjahr	Vorjahr	Passiva	Berichtsjahr	Vorjahr
	T€	T€		T€	T€
I. Anlagevermögen			I. Eigenkapital	30.000	16.000
1. Gebäude	9.800	10.000	II. Fremdkapital		
2. TA und Maschinen	11.200	5.000	1. Hypothekenschulden	6.500	6.800
3. And. Anl./BGA ...	1.600	2.000			
II. Umlaufvermögen			2. Darlehensschulden	8.800	5.200
1. Vorräte	14.000	12.500			
2. Forderungen	9.000	7.500	3. Lieferantenschulden	4.700	12.000
3. Kasse	200	100			
4. Guthaben bei Kreditinstituten ...	4.200	2.900			
	50.000	40.000		50.000	40.000

ARBEITSAUFTRÄGE

1. Bereiten Sie die obigen Bilanzen der M. Hein e. K. gemäß dem Aufbereitungsschema auf der kommenden Seite aus und stellen Sie die Veränderungen der Vermögens- und Kapitalposten fest.
2. Ermitteln Sie die Kennzahlen zur Beurteilung der Finanzierung, Anlagendeckung, Liquidität und Vermögensstruktur (siehe übernächste Seite).
3. Beurteilen Sie die Entwicklung der Textilfabrik M. Hein e. K. in den Vergleichsjahren aufgrund der Kennzahlen und versuchen Sie Ursachen der Veränderungen offenzulegen.

Berücksichtigen Sie folgende Fragestellungen und notieren Sie diese in der Tabelle:

a) Wie ist die Entwicklung in absoluten und relativen Zahlen?
b) Worauf könnte die positive oder negative Entwicklung zurückzuführen sein?
c) Welche Maßnahmen zur Verbesserung der Finanzierung, Anlagendeckung, Liquidität und Vermögensstruktur würden Sie der Unternehmensleitung empfehlen?

Aufbereitete Bilanzen

Aktiva	Berichtsjahr		Vorjahr		Zu- oder Abnahme
	T€	%	T€	%	T€
Anlagevermögen					
Vorräte					
Forderungen					
Flüssige Mittel					
Umlaufvermögen					
Gesamtvermögen					
Passiva					
Eigenkapital					
Hypothekenschulden					
Darlehensschulden					
Langfristiges Fremdkapital					
Lieferantenschulden					
Kurzfristiges Fremdkapital					
Gesamtkapital					

	Kennzahlen der Finanzierung			Beurteilung der Entwicklung	
	Formel	Berichtsjahr	Vorjahr	Entwicklung	Ursachen und Maßnahmen
Grad der finanz. Unabhängigkeit					
Verschuldungsgrad					
Anteil lfr. FK					
Anteil kfr. FK					

	Kennzahlen der Anlagendeckung			Beurteilung der Entwicklung	
	Formel	Berichtsjahr	Vorjahr	Entwicklung	Ursachen und Maßnahmen
Deckungsgrad I					
Deckungsgrad II					

	Kennzahlen der Liquidität			Beurteilung der Entwicklung	
	Formel	Berichtsjahr	Vorjahr	Entwicklung	Ursachen und Maßnahmen
Liquidität I					
Liquidität II					
Liquidität III					

	Kennzahlen der Vermögensstruktur			Beurteilung der Entwicklung	
	Formel	Berichtsjahr	Vorjahr	Entwicklung	Ursachen und Maßnahmen
Anlagenintensität					
Umlaufintensität					
Vorratsquote					
Forderungsquote					
Anteil der flüssigen Mittel					

4 Begründen Sie abschließend, ob Sie der Hausbank die Kreditvergabe an die Textilwerke M. Hein e. K. empfehlen würden.

THEMENPAKET
Inhalte

- **Auswertung der Bilanz und der Erfolgsrechnung, Bilanzkennzahlen, Kennzahlen der Erfolgsrechnung**

Situation

Die Textilwerke GmbH ist seit einigen Jahren erfolgreich mit nachhaltiger Textilproduktion tätig. In letzter Zeit ist allerdings die Konkurrenz in diesem Marktsegment größer geworden. Im abgelaufenen Geschäftsjahr konnte das Unternehmen einen Bilanzgewinn in Höhe von 110.000,00 € erzielen. Sie sind derzeit im Rechnungswesen eingesetzt und sollen für die bevorstehende Gesellschafterversammlung an der Aufbereitung von Kennzahlen zum Jahresabschluss mitwirken. Folgende Daten liegen aus dem Rechnungswesen vor:

Aktiva	Berichtsjahr	Vorjahr	Passiva	Berichtsjahr	Vorjahr
	T€	T€		T€	T€
Sachanlagen	1.660	1.420	Gezeichn. Kapital	1.400	1.000
Finanzanlagen	260	200	Gewinnrücklagen	400	260
Vorräte	1.200	1.550	Bilanzgewinn	110	30
Forderungen a. LL	600	310	Rückstellungen	80	60
Flüssige Mittel	280	120	langfr. Verbindlichk.	1.600	1.230
			kurzfr. Verbindlichk.	410	1.020
	4.000	3.600		4.000	3.600

Anmerkungen zur Bilanzaufbereitung: Der Jahresabschluss wurde unter Berücksichtigung einer teilweisen Verwendung des Jahresüberschusses durch Zuführung zu der Gewinnrücklage aufgestellt:

Jahresüberschuss – Einstellung in die Gewinnrücklage = Bilanzgewinn

Der Bilanzgewinn soll in voller Höhe als Dividende an die Gesellschafter ausgeschüttet werden. Die Rückstellungen sind je zur Hälfte kurz- und langfristig.

Erfolgsrechnungen der Textilwerke GmbH	Berichtsjahr		Vorjahr	
	T€	T€	T€	T€
1. Umsatzerlöse		8.200		5.500
2. Bestandserhöhung an Erzeugnissen		+ 280		+ 20
3. Sonstige betriebliche Erträge		+ 75		+ 53
4. Materialaufwand	5.168		3.036	
5. Personalaufwand	2.550		1.892	
6. Abschreibungen	260		170	
7. Sonstige betriebliche Aufwendungen	180	– 8.158	160	– 5.258
8. Zinserträge	12		4	
9. Zinsaufwendungen	130	– 118	180	– 176
10. Steuern		– 29		– 19
11. **Jahresüberschuss**		**250**		**120**
12. Einstellung in andere Gewinnrücklagen		140		90
13. **Bilanzgewinn**		**110**		**30**

Eigenkapital zu Beginn des Jahres: 1.120,00 €

	Berichtsjahr	Vorjahr	Vor-Vorjahr
Werkstoffvorrat	110.000,00 €	740.000,00 €	20.000,00 €
Zuführungen zu lfr. Rückstellungen	10.000,00 €	8.000,00 €	

ARBEITSAUFTRÄGE

1. Bereiten Sie die Bilanzen der Textilwerke GmbH gemäß dem Aufbereitungsschema auf der kommenden Seite auf und stellen Sie die Veränderungen der Vermögens- und Kapitalposten fest.

2. Ermitteln und beurteilen Sie die Kennzahlen zur Beurteilung der Finanzierung, Anlagendeckung, Liquidität und Vermögensstruktur (siehe übernächste Seite).

3. Ermitteln und beurteilen Sie die Rentabilität des Eigenkapitals (Durchschnittswert) und die Umsatzrentabilität.

4. Ermitteln Sie die Umschlagshäufigkeit und die Umschlagsdauer des durchschnittlichen Werkstoffvorrats.

5. Ermitteln und beurteilen Sie den Cashflow, die Cashflow-Umsatzverdienstrate und die ROI-Kennzahl.

6. Erstellen Sie eine kurze, thesenartige Tischvorlage für die Gesellschafterversammlung, welche die Entwicklung der Textilwerke GmbH in den Vergleichsjahren deutlich macht.

Aufbereitete Bilanzen

Aktiva	Berichtsjahr		Vorjahr		Zu- oder Abnahme
	T€	%	T€	%	T€
Anlagevermögen					
Vorräte					
Forderungen					
Flüssige Mittel					
Umlaufvermögen					
Gesamtvermögen					
Passiva					
Eigenkapital					
Hypothekenschulden					
Darlehensschulden					
Langfristiges Fremdkapital					
Lieferantenschulden					
Kurzfristiges Fremdkapital					
Gesamtkapital					

	Kennzahlen der Finanzierung			Beurteilung der Entwicklung	
	Formel	Berichtsjahr	Vorjahr	Entwicklung	Ursachen und Maßnahmen
Grad der finanz. Unabhängigkeit					
Verschuldungsgrad					
Anteil lfr. FK					
Anteil kfr. FK					

	Kennzahlen der Anlagendeckung			Beurteilung der Entwicklung	
	Formel	Berichtsjahr	Vorjahr	Entwicklung	Ursachen und Maßnahmen
Deckungsgrad I					
Deckungsgrad II					

	Kennzahlen der Liquidität			Beurteilung der Entwicklung	
	Formel	Berichtsjahr	Vorjahr	Entwicklung	Ursachen und Maßnahmen
Liquidität I					
Liquidität II					
Liquidität III					

	Kennzahlen der Vermögensstruktur			Beurteilung der Entwicklung	
	Formel	Berichtsjahr	Vorjahr	Entwicklung	Ursachen und Maßnahmen
Anlagenintensität					
Umlaufintensität					
Vorratsquote					
Forderungsquote					
Anteil der flüssigen Mittel					

	Kennzahlen der Erfolgsrechnung			Beurteilung der Entwicklung	
	Formel	Berichtsjahr	Vorjahr	Entwicklung	Ursachen und Maßnahmen
Eigenkapital-rentabilität					
Umsatzrentabilität					
ROI					
Cashflow					
Cashflow-Umsatz-verdienstrate					

	Umschlagskennzahlen			Beurteilung der Entwicklung	
	Formel	Berichtsjahr	Vorjahr	Entwicklung	Ursachen und Maßnahmen
Durchschnittl. Lagerbestand an Werkstoffen					
Lagerumschlags-häufigkeit					
Durchschnittl. Lagerdauer					

Situation

Im Unternehmen Walther KG, Leipzig, ist das Geschäftsjahr 01 zu Ende gegangen. Aus dem Jahresabschluss liegt die nachfolgende Bilanz vor. Herr Walther möchte mithilfe der Bilanz die finanzielle Situation der Walther KG anhand folgender Kennzahlen überprüfen::

- Grad der finanziellen Unabhängigkeit
- Verschuldungsgrad
- Anteil des langfristigen Fremdkapitals am Gesamtkapital
- Anteil deskurzfristigen Fremdkapitals am Gesamtkapital
- Deckungsgrad I
- Deckungsgrad II
- Anlagenintensität und
- Forderungsquote
- Liquidität I
- Liquidität II
- Working Capital

Bilanz der Walther KG für das Jahr 01			
Anlagevermögen:		**Eigenkapital**	910.000,00
Grundstücke und Gebäude	600.000,00		--
Techn. Anlagen/Maschinen	510.000,00	**Fremdkapital**	
Fuhrpark	240.000,00	Langfr. Rückstellungen	150.000,00
Betriebs-u. Geschäfts-Ausstattung	150.000,00	Langfr. Bankverbindlichk.	240.000,00
Umlaufvermögen:		Verbindlichkeiten a. LL	1.100.000,00
Werkstoffe	160.000,00		
Unfertige Erzeugnisse	180.000,00		
Fertige Erzeugnisse	60.000,00		
Forderungen a. LL	360.000,00		
Kasse	20.000,00		
Bankguthaben	120.000,00		
	2.400.000,00		2.400.000,00

Beurteilen Sie die finanzielle Situation der Walther KG unter den oben angegebenen Aspekten. Formulieren Sie zusätzlich zur Angabe der Kennzahlen einen kurzen einschätzenden Text.

Arbeitshilfen:
Grad der finanziellen Unabhängigkeit = Eigenkapital : Gesamtkapital
Verschuldungsgrad = Fremdkapital : Eigenkapital
Anteil des langfristigen Fremdkapitals = Langfr. Fremdkapital : Gesamtkapital
Anteil des kurzfristigen Fremdkapitals = Kurzfr. Fremdkapital : Gesamtkapital
Deckungsgrad I = Eigenkapital : Anlagevermögen
Deckungsgrad II = (Eigenkapital + langfr. Fremdkapital) : Anlagevermögen
Anlagenintensität = Anlagevermögen : Gesamtvermögen
Forderungsquote = Forderungen : Gesamtvermögen
Liquidität I = Flüssige Mittel : kurzfr. Fremdkapital
Liquidität II = (Flüssige Mittel + Forderungen a. LL) : kurzfr. Fremdkapital
Working Capital = kurzfr. gebundenes Umlaufvermögen – kurzfr. Fremdkapital

Situation zur Investition und Finanzierung

Herr Heidtkötter ist mit der Entwicklung, die sein Unternehmen in den beiden letzten Jahren bei der Herstellung und dem Absatz von Bürostühlen genommen hat, sehr zufrieden. So hat sich z. B. die Umsatzrentabilität deutlich verbessert. Ähnlich günstig hat sich seine Eigenkapitalrentabilität entwickelt. Besonders stolz macht ihn, dass sich die Umsätze in den beiden Jahren von 7.500.000,00 € auf 10.520.000,00 € erhöht haben und dass sein Unternehmen zurzeit mit einem Eigenkapital von ca. 64 % des Gesamtkapitals finanziert ist.

Diesen Wachstumsschub möchte Herr Heidtkötter auch in den nächsten Jahren durch den Aufbau einer weiteren Produktionsstätte für Konferenzstühle nutzen; und genau da liegt sein Problem: Mit der derzeitigen Ausstattung seines Unternehmens an Arbeitskräften und Betriebsmitteln stößt er jetzt bereits an die Kapazitätsgrenze. Wenn er das Wachstum als Unternehmensziel verfolgen will, wird er sein Unternehmen erweitern müssen: Die Ausweitung seines Angebotes auf Konferenzstühle erfordert die Errichtung einer neuen Fabrikationshalle auf einem benachbarten (noch zu erwerbenden) Grundstück und die Ausstattung mit Maschinen. Zusätzliche Arbeitskräfte sind anzuwerben, und ein zusätzlicher Bedarf an Werkstoffen wird anfallen.

Die mit der Vorbereitung beauftragte Controllerin Karin Wenzel stellt sich folgende Fragen:

- Wie viel Kapital wird benötigt, um die einmaligen Ausgaben (Investitionen) und den laufenden Aufwand bestreiten zu können?
- Wie wird dieses Kapital aufgebracht?
- Wie bleibt auch bei Durchführung dieses Vorhabens die Liquidität des Unternehmens gesichert?

Die erste Frage geht Frau Wenzel an, indem sie möglichst genau zusammenstellt, wie viel „Kapital" (Geld) für die einzelnen Komponenten der geplanten Investition benötigt wird. Hierzu stellt sie einen **Kapitalbedarfsplan** auf.

Kapitalbedarfsplan „Erweiterungsinvestition - Konferenzstuhl"	
Position	**Betrag**
Einmalige Ausgaben	
Grundstück im Gewerbegebiet, einschließlich Nebenkosten	1.225.000,00 €
Bauliche Investitionen: Fabrikhalle, einschl. aller Installationen	3.865.000,00 €
Zufahrt zur neuen Halle	135.000,00 €
Produktionsanlagen: Technische Anlagen, Maschinen	1.115.000,00 €
Transporteinrichtungen	285.000,00 €
Büroeinrichtungen (Computer, Telefonanlage, Büromöbel)	180.000,00 €
Mindestreserve an Roh-, Hilfs- und Betriebsstoffen	230.000,00 €
PR-Maßnahme: Einweihung mit „Tag der offenen Tür'"	40.000,00 €
Gesamtbetrag der einmaligen Ausgaben	**7.075.000,00 €**
Position	**Betrag**
Laufende Ausgaben für zwei Monate unter Berücksichtigung der Kapitalbindungsdauer	
Ausgaben für Roh-, Hilfs- und Betriebsstoffe, Fertigbauteile	125.000,00 €
Ausgaben für Personal, einschließlich Sozialabgaben	210.000,00 €
Ausgaben für Wartung und Reparatur	8.300,00 €
Ausgaben für Strom, Wasser, Heizung, Abwassergebühren	6.500,00 €
Ausgaben für Versicherungen (Haftpflicht, Gebäudeversicherung)	2.600,00 €
Ausgaben für Kommunikation	1.150,00 €
Ausgaben für Reinigung	1.450,00 €
Ausgaben für Kapitaldienst (Zinsen, Kredittilgung)	250.000,00 €
Berücksichtigung eines anteiligen kalkulatorischen Unternehmerlohns	10.000,00 €
Gesamtbetrag der laufenden Ausgaben	**615.000,00 €**
Gesamter Kapitalbedarf der Erweiterungsinvestition	**7.690.000,00 €**

Fortsetzung der Handlungs-Situation

Gemeinsam mit Herrn Heidtkötter geht Frau Wenzel die entscheidende Frage nach der Finanzierung des Vorhabens an. Sie konzentrieren sich auf die Fremdfinanzierung durch einen Bankkredit und auf die Selbstfinanzierung aus erwirtschafteten Gewinnen. Schließlich verfügt die Heidtkötter KG über eine Eigenkapitaldeckung des Vermögens mit (angenommen) 64,2 % und über ein Bankguthaben von (angenommen) 1.500.000,00 €. Hier eröffnet sich eine ergiebige Finanzierungsquelle, über die die laufenden Ausgaben (615.000,00 €), sowie die Büroeinrichtung, die Mindestreserve an Roh-, Hilfs- und Betriebsstoffen sowie die PR-Maßnahme (450.000,00 €) finanzieren werden können. Insgesamt wird damit ein Kapitalbedarf von **1.065.000,00 €** abgedeckt.

Für die Finanzierung des restlichen Kapitalbedarfs für das Grundstück, das Gebäude und die Produktionsanlagen von insgesamt **6.625.000,00 €** schlägt Frau Wenzel ein langfristiges **Darlehen** von der Hausbank vor. Die Sicherung dieses Darlehens durch Grundpfandrechte an betriebseigenen Grundstücken ist gewährleistet. Frau Wenzel empfiehlt, sich über das Tilgungsdarlehen zu informieren, da diese Darlehensart gegenüber dem Endfälligkeitsdarlehen und dem Annuitätendarlehen über die Laufzeit des Darlehens gesehen kostengünstiger sei. Zudem werden die Zinsen und der Tilgungsanteil aus diesem ,Darlehen erst nach einem Jahr fällig.

ARBEITSAUFTRAG

Informieren Sie sich über die Darlehensarten und stellen Sie einen Tilgungsplan für das Tilgungsdarlehen unter folgenden Bedingungen auf:

Zeitraum der Darlehensgewährung: 10 Jahre
Verzinsung des Darlehens über die gesamte Laufzeit: 3,0 %/Jahr.

Verwenden Sie für den Tilgungsplan die nachfolgende Tabelle.

Tilgungsplan für das Tilgungsdarlehen

Jahr	Darlehen/ Restschuld zu Beginn des Jahres	Jährliche Zins-Zahlungen (Z)	Jährliche Tilgungs-Zahlungen (T)	Jährliche Auszahlungen (Z + T)	Restschuld zum Ende des Jahres

Zur Vorbereitung auf das anstehende Gespräch, das Herr Heidtkötter mit dem Geschäftsführer des Kreditinstituts führen wird, legt Frau Wenzel neben dem Jahresabschluss (Bilanz, Gewinn- und Verlustrechnung) auch eine **Cashflow-Rechnung** für zwei Monate vor, mit der Herr Heidtkötter der Bank selbst bei gleichbleibender Auftragslage nachweisen kann, dass er durch selbst erwirtschaftete Mittel in der Lage ist, Zinsen und Tilgungen für den Kredit pünktlich zu zahlen.

ARBEITSAUFTRAG

Erstellen Sie nach der untenstehenden Vorlage eine Cashflow-Rechnung für zwei Monate, indem Sie zunächst den Gewinn aus der Konferenzstuhlproduktion aus folgenden Angaben berechnen:

Für den ersten Monat liegen Bestellungen von 2500 Konferenzstühlen bereits vor, für den zweiten Monat rechnet Herr Heidtkötter mit einem Absatz von 3000 Stühlen. Einen Stuhl hat er mit zu einem Nettopreis von 165,00 € kalkuliert.

Fortsetzung der Handlungs-Situation

Cashflow-Rechnung für eine Zwei-Monats-Frist	
Umsatzerlöse für zwei Monate	
– Laufende Ausgaben für zwei Monate	
Betriebsgewinn	
+ Abschreibungen: Fabrikationshalle incl. Zufahrt 3 %/Jahr Produktionsanlagen 10 %/Jahr Büroeinrichtungen 20 %/Jahr	
– Betriebssteuern, angenommen	4.500,00 €
Verfügbarer Cashflow	
– Kreditzinsen für zwei Monate	
– Tilgungsraten für zwei Monate	
Verbleibender Restbetrag	

Nebenrechnungen:

Herr Heidtkötter will sich nicht von den bisher so optimistischen Zahlen blenden lassen und lässt durch Frau Wenzel alle Ausgaben und Einnahmen für die Anlaufzeit der geplanten Investition zusammenstellen. Nur so kann er sicher sein, dass die Investition sein Unternehmen nicht in einen Liquiditätsengpass bringen wird. Für die ersten zwei Monate nach Anlaufen der neuen Produktion berücksichtigt Frau Wenzel folgende Angaben für die Aufstellung eines Liquiditätsplans. Dabei geht sie von folgenden Annahmen aus:

- Absatzzahlen: 1. Produktionsmonat → 2500 Stück
  2. Produktionsmonat → 3000 Stück

  Die laufenden Ausgaben aus dem Kapitalbedarfsplan können mit geringen Modifikationen (Kapitaldienst) übernommen werden.
- Zu berücksichtigen sind anteilige Privatentnahmen von 5.000,00 € je Monat.

ARBEITSAUFTRÄGE

Stellen Sie den Liquiditätsplan für zwei Monate auf.
Formulieren Sie zur abschließenden Wertung einen kurzen Text.

Fortsetzung der Handlungs-Situation

Liquiditätsplan	
Positionen	**Zwei-Monats-Werte**
Einnahmen aus Umsatzerlösen	
– Ausgaben für Roh-, Hilfs- und Betriebsstoffe	
– Ausgaben für Personal, einschließlich Sozialabgaben	
– Ausgaben für Wartung und Reparatur	
– Ausgaben für Strom, Wasser, Heizung, Abwasser	
– Ausgaben für Versicherungen	
– Ausgaben für Kommunikation	
– Ausgaben für Reinigung	
– Ausgaben für Kapitaldienst (Zinsen und Tilgung)	
– Ausgaben für Privatentnahmen	
– Ausgaben für anteilige Betriebssteuern	
– Ausgaben für PR-Maßnahmen	
= Überschuss (frei verfügbare Mittel)	

Tischvorlage

Name: ______________________ Datum: ____________

Anlass: ______________________

____

Zielgruppe: ______________________

Thema:

- ______________________
- ______________________
- ______________________
- ______________________

Schemata zu den Aufgaben des Lehrbuchs

4 Ermittlung der Wertansätze in der Jahresbilanz — Aufgabe 11

S	0500 Unbebaute Grundstücke H
280.000,00	

S	0510 Bebaute Grundstücke H
200.000,00	

S	0530 Betriebsgebäude H
780.000,00	

S	0700 Technische Anlagen und Maschinen H
675.000,00	

S	0800 Andere Anlagen/BGA H
280.000,00	

S	0891 GWG-Sammelposten H
6.000,00	

S	2000 Rohstoffe H
155.600,00	

S	2200 Fertige Erzeugnisse H
33.325,00	

S	2400 Forderungen a. LL H
197.635,00	

S	2600 Vorsteuer H
101.580,00	

S	2800 Bank H
158.200,00	

S	2880 Kasse H
6.800,00	

S	3000 Eigenkapital H
	1.300.000,00

S	3001 Privat H
62.000,00	

S	4250 Darlehensschulden H
	568.475,00

S	4400 Verbindlichkeiten a. LL H
	230.200,00

S	4800 Umsatzsteuer H
	259.065,00

S	5000 Umsatzerlöse für eigene Erzeugnisse H
	1.350.000,00

Fortsetzung von Aufgabe 11

S	5001 Erlösberichtigungen für eigene Erzeugnisse H
12.000,00	

S	5200 Bestandsveränderungen H

S	5401 Mieterträge H
	22.600,00

S	5420 Entnahme v. G. u. s. L. H
	25.500,00

S	5430 Andere sonstige betriebliche Erträge H
	14.800,00

S	6000 Aufwendungen für Rohstoffe H
420.000,00	

S	6001 Bezugskosten für Rohstoffe H
3.000,00	

S	6002 Nachlässe für Rohstoffe H
	18.500,00

S	6520 Abschreibungen auf Sachanlagen H

S	6541 Abschreibungen auf GWG-Sammelposten H

S	6550 Außerplanmäßige Abschreibungen auf SA H

S	6900 Versicherungsbeiträge H
22.000,00	

S	7510 Zinsaufwendungen H
36.000,00	

S	7800 Diverse Aufwendungen H
360.000,00	

S	8020 Gewinn- und Verlustkonto H

S	8010 Schlussbilanzkonto H

6 Analyse und Auswertung des Jahresabschlusses — Aufgabe 23

Liquiditätsplanung für das vierte Quartal

Geplante Einzahlungen	
Summe der laufenden betrieblichen Einzahlungen	
Geplante Auszahlungen	
Summe aller Auszahlungen (Kapitalbedarf)	
Liquiditätsüberschuss der Einzahlungen über die Auszahlungen im vierten Quartal (ohne die Vorräte an flüssigen Mitteln)	
+ verfügbare flüssige Mittel	
Liquiditätsüberschuss insgesamt	

6 Analyse und Auswertung des Jahresabschlusses — Aufgabe 24

	Januar	Februar	März	April
Zahlungsmittelbestand				
Einzahlungen				
Auszahlungen				
Über-/Unterdeckung				

6 Analyse und Auswertung des Jahresabschlusses — Aufgabe 25

Kapitalbindungsdauer

Zahlung ohne Skonto	Rohstoff-eingangs-kont-rolle	Lagerung der Rohstoffe	Fertigung-dauer	Lagerung der ferti-gen Er-zeugnisse	Zahlungsziel
Bindung der Rohstoffe: Tage →					
Bindung der Löhne: Tage →					

Tilgungsdarlehen

Jahr	Restschuld	Jahreszinsen	Tilgung	Summe
1				
2				
3				
4				
5				
6				
7				
8				

Endfälligkeitsdarlehen

Jahr	Restschuld	Jahreszinsen	Tilgung	Summe
1				
2				
3				
4				
5				
6				
7				
8				

Annuitätendarlehen

Jahr	Restschuld	Jahreszinsen	Tilgung	Summe
1				
2				
3				
4				
5				
6				
7				
8				

6 Analyse und Auswertung des Jahresabschlusses — Aufgabe 32

a)	Die Abschreibungsrückflüsse in den Umsatzerlösen werden refinanziert.	
b)	Eine Rückstellung wird für eine Investition genutzt.	
c)	Ein zusätzlicher Kommanditist wird aufgenommen.	
d)	Die Bank gewährt einen durch eine Grundschuld gesicherten Kredit.	
e)	Aus einer freien Rücklage wird eine Maschinenanlage finanziert.	
f)	Eine Aktiengesellschaft gibt neue Aktien aus.	

6 Analyse und Auswertung des Jahresabschlusses — Aufgabe 34

a)	Als Gegenstände der Absicherung kommen nur wertvolle Kunstgegenstände in Frage.	
b)	Der Sicherungsgeber überträgt nur das Eigentum an den Sicherungsnehmer.	
c)	Der Sicherungsgeber bleibt Eigentümer und Besitzer, der Sicherungsnehmer wird Eigentümer.	
d)	Der Sicherungsgeber bleibt Eigentümer der übertragenen Sache.	
e)	Der Sicherungsnehmer wird Eigentümer und in der Regel nicht Besitzer der Sache; der Sicherungsgeber bleibt Besitzer.	
f)	Der Sicherungsübereignung liegt immer ein Kreditvertrag zugrunde.	
g)	Pfand und Sicherungsübereignung gleichen sich.	
h)	Der Sicherungsnehmer erwirbt das Eigentum und den (mittelbaren) Besitz an der Sache.	
i)	Erfüllt der Sicherungsgeber nicht die Pflichten aus dem Sicherungsvertrag, kann der Sicherungsnehmer die übergebene Sache verwerten.	

6 Analyse und Auswertung des Jahresabschlusses — Aufgabe 35

Grundschuld	Hypothek

6 Analyse und Auswertung des Jahresabschlusses — Aufgabe 36

a)	Eine dritte Person haftet, wenn der Schuldner zahlungsunfähig ist.	
b)	Zur Kreditsicherung wird ein Grundstück durch notariellen Vertrag belastet.	
c)	Zur Absicherung einer Forderung wird der Kreditgeber bedingter Eigentümer einer Sache	
d)	Der Schuldner tritt eine Forderung an den Gläubiger ab.	
e)	Zur Kreditsicherung wird eine Eintragung ins Grundbuch vorgenommen.	
f)	Nach erfolgloser Zwangsvollstreckung wendet sich der Gläubiger direkt an eine dritte Person.	
a)	Diese Form der Kreditsicherung muss notariell beurkundet werden.	
i)	Erfüllt der Sicherungsgeber nicht die Pflichten aus dem Sicherungsvertrag, kann der Sicherungsnehmer die übergebene Sache verwerten.	

Beleggeschäftsgang 2

THEMENPAKET
Inhalte

- Buchen von laufenden Geschäftsfällen
- Vorbereitende Abschlussbuchungen
- Abschluss von Erfolgs- und Bestandskonten
- Erstellung von Saldenlisten für Debitoren und Kreditoren
- Erstellung der Bilanz und GuV-Rechnung
- Ermittlung der Eigenkapitalrentabilität

Situation

Das Geschäftsjahr der **Büromöbelwerke Werner Peters GmbH**, Stauffenbergallee 22–30, 01099 Dresden, entspricht dem Kalenderjahr. In der Finanzbuchhaltung der Gesellschaft soll der Jahresabschluss zum 31. Dezember .. erstellt werden. Die Buchungen auf den Sachkonten und den Personenkonten sind bis zum 27. Dezember .. ausgeführt worden. Für die Zeit vom 28. Dezember bis zum 31. Dezember sind noch Geschäftsfälle zu buchen. In der Finanzbuchhaltung der Gesellschaft werden folgende Bücher geführt:

- **Grundbuch** (Journal) für die laufenden Buchungen, die vorbereitenden Abschlussbuchungen und die Abschlussbuchungen.
- **Hauptbuch** für die Sachkonten: Bestandskonten, Erfolgskonten, Abschlusskonten.
- **Kontokorrentbuch** für die Personenkonten: Kundenkonten, Lieferantenkonten.
- **Bilanzbuch** für die Aufnahme des ordnungsmäßig gegliederten Jahresabschlusses: Jahresbilanz und Gewinn- und Verlustrechnung mit Unterschrift.

Sie unterstützen die verantwortliche Sachbearbeitung bei der Erstellung des Jahresabschlusses. Aus der Finanzbuchhaltung können Sie den Kontenplan mit den Salden der Sachkonten zum 27. Dezember .. sowie die zugehörigen offene-Posten-Listen der Kunden und Lieferanten abrufen:

Kontenplan und vorläufige Saldenbilanz		Soll	Haben
0700	Technische Anlagen und Maschinen	912.280,00	–
0800	Andere Anlagen/Betriebs- und Geschäftsausstattung	230.000,00	–
2000	Rohstoffe	85.000,00	–
2020	Hilfsstoffe	12.000,00	–
2100	Unfertige Erzeugnisse	25.000,00	–
2200	Fertige Erzeugnisse	30.000,00	–
2400	Forderungen a. LL	119.000,00	–
2600	Vorsteuer	71.460,00	–
2640	SV-Vorauszahlung	–	–
2650	Forderungen an Mitarbeiter	5.800,00	–
2800	Bank	315.000,00	–
2880	Kasse	18.540,00	–
2900	Aktive Rechnungsabgrenzung	–	–
3000	Eigenkapital	–	720.000,00
3900	Sonstige Rückstellungen	–	50.200,00
4250	Darlehensschulden	–	283.200,00
4400	Verbindlichkeiten a. LL	–	160.412,00
4800	Umsatzsteuer	–	259.768,00
4830	FB-Verbindlichkeiten	–	–
4890	Sonstige Verbindlichkeiten	–	45.600,00
5000	Umsatzerlöse für eigene Erzeugnisse	–	1.385.000,00
5001	Erlösberichtigungen für eigene Erzeugnisse	22.600,00	–
5200	Bestandsveränderungen	–	–
6000	Aufwendungen für Rohstoffe	364.800,00	–
6001	Bezugskosten für Rohstoffe	12.400,00	–
6002	Nachlässe für Rohstoffe	–	8.700,00
6020	Aufwendungen für Hilfsstoffe	78.000,00	–
6160	Fremdinstandhaltung	16.600,00	–
6200	Löhne	152.000,00	–
6300	Gehälter	90.400,00	–
6400	Soziale Abgaben	44.600,00	–
6520	Abschreibungen auf Sachanlagen	–	–

Kontenplan und vorläufige Saldenbilanz	Soll	Haben
6700 Mietaufwendungen	260.000,00	–
6750 Kosten des Geldverkehrs	300,00	–
6800 Büromaterial	5.500,00	–
6820 Portokosten	3.400,00	–
6830 Kosten der Telekommunikation	6.200,00	–
7510 Zinsaufwendungen	32.000,00	–
	2.912.880,00	2.912.880,00

Abschlusskonten: 8010 SBK und 8020 GuV

Offene-Posten-Listen Stand 27. Januar ..:

Kundenkonten (Debitoren)		Offene Posten – Kunden			
Konto-Nr.	**Kunden**	**Datum**	**Rechnungs-Nr.**	**Betrag**	**Salden**
10 001	Karlsmann AG Sandstraße 4–10 70199 Stuttgart	..-12-10 ..-12-16 ..-12-18	1298 1305 1313	14.875,00 833,00 8.092,00	**23.800,00**
10 002	Gruppe OHG Amselweg 14 76149 Karlsruhe	..-12-21 ..-12-23	1315[1] 1317[1]	11.900,00 41.650,00	**53.550,00**
10 003	Heinrichs OHG Hohe Straße 44–46 21073 Hamburg	..-12-21 ..-12-23	1316[1] 1318[1]	5.950,00 11.900,00	**17.850,00**
10 004	Hilgendorf KG Kölner Straße 50–54 51379 Leverkusen	..-12-12 ..-12-21	1301 1314	2.380,00 11.900,00	**14.280,00**
10 005	Busch OHG Nibelungenring 10–12 04279 Leipzig	..-12-10 ..-12-17	1299 1312	2.142,00 7.378,00	**9.520,00**
Saldensumme der Kundenkonten (Abstimmung mit Konto 2400)					**119.000,00**

Lieferantenkonten (Kreditoren)		Offene Posten – Lieferanten			
Konto-Nr.	**Lieferanten**	**Datum**	**Rechnungs-Nr.**	**Betrag**	**Salden**
60 001	Chromstahl GmbH Hüttenstraße 2–16 45143 Essen	..-12-23	4567	29.750,00	**29.750,00**
60 002	Chem. Werke GmbH Grüner Weg 44–50 51375 Leverkusen	..-12-09 ..-12-21	5500 5567	21.420,00 20.230,00	**41.650,00**
60 003	Schneider KG Neue Landstraße 10–16 30655 Hannover	..-12-15	8765	38.080,00	**38.080,00**
60 004	Holzwerke GmbH Postfach 1215 01662 Meißen	..-12-20 ..-12-23	7654[2] 7660[2]	17.850,00 33.082,00	**50.932,00**
60 005	Jutta Kolberg e. Kffr. Feldstraße 48 01109 Dresden	–	–	–	–
Saldensumme der Lieferantenkonten (Abstimmung mit Konto 4400)					**160.412,00**

1 Den Firmen Gruppe OHG und Heinrichs OHG werden 2 % Skonto gewährt.
2 Rechnungen der Holzwerke GmbH werden unter Abzug von 2 % Skonto beglichen.

Situation

Die Sachbearbeitung in der Finanzbuchhaltung übergibt Ihnen die noch nicht gebuchten Belege der laufenden Geschäftsfälle.

ARBEITSAUFTRÄGE

1. Führen Sie die Vorkontierung der Belege 1 bis 21 im Grundbuch (siehe S. 182/183 durch. Die Werkstoffeinkäufe werden nach der aufwandsorientierten Methode (Just-in-time-Konzept) gebucht.
2. Übertragen Sie die Buchungen anschließend auf die Sachkonten. Die Beträge, die die Kunden- und Lieferantenkonten betreffen, können Sie ohne Gegenbuchung auf diese Personenkonten übertragen.

Beleg 1

EBERHARD ZACK
Bezirks-Schornsteinfegermeister
01127 Dresden
Heidestr. 84 – Telefon 051 52809

QUITTUNG
RECHNUNG

Firma/Herrn/Frau Büromöbelwerke Werner Peters GmbH

Rauchgasanalyse	35,00
Reinigung der Zentralheizung	115,00
Nettobetrag	150,00
+ 19 % Umsatzsteuer	28,50
Bruttobetrag	178,50

Konto | Soll | Haben
Gebucht:

Dresden 27. Dez. ...

Betrag erhalten:

Zack
Bezirks-Schornsteinfegermeister

KB 284

Fachgerechte Reinigung spart Heizkosten.

Anlage: Bescheinigung über das Messergebnis

Steuer-Nr. 065 312 26587

Bankkonto: Deutsche Bank, Dresden
IBAN: DE22 8707 0000 0104 0007 00

Konto-Nr. 104 000 700, BLZ 870 700 00
BIC: DEUTDE8C

Beleg 2

Deutsche Post AG
01307 Dresden
72052590 . .-12-29 KB 285

8152
Postwertzeichen ohne Zuschlag
*380,00 EUR A

Bruttoumsatz *380,00 EUR
umsatzsteuerbefreit nach §4 UStG A
Nettoumsatz A *380,00 EUR
Steuernummer der Deutsche Post AG:
5205/5777/1510

Konto | Soll | Haben
Gebucht:

Vielen Dank für Ihren Besuch.
Ihre Deutsche Post AG

Beleg 3

Büromöbelwerke Werner Peters GmbH

Werner Peters GmbH ▪ Postfach 10 15 26 ▪ 01097 Dresden
Büroausstattungsgroßhandel
Heinrichs OHG
Hohe Straße 44 – 46
21073 Hamburg

Konto | Soll | Haben
Gebucht:

Rechnung-Nr.: 1 319 **Bitte bei**
Kunden-Nr.: 10 003 **Zahlung angeben!**
Lieferdatum: ..-12-21
Rechnungsdatum: ..-12-27

Name: Frau Steege
Telefon: 051 4401-17
E-Mail: l.steege@peters-wvd.de

Datum: ..12-27

Rechnung

Menge	Einheit	Bezeichnung	Einzelpreis (€)	Gesamtpreis (€)
30	Stück	Schreibtisch ST 4 501	375,00	11.250,00
30	Stück	Anstelltisch ST 4 502	140,00	4.200,00
20	Stück	Aktenschrank SL 4 432	225,00	4.500,00
		Warenwert		19.950,00
		Umsatzsteuer 19 %		3.790,50
		Rechnungsbetrag		**23.740,50**

Zahlbar ohne Abzug binnen zwei Wochen nach Rechnungserhalt.

Werner Peters GmbH
Stauffenbergallee 22 – 30
01099 Dresden
Tel.: 051 4401-0 ▪ Fax: 051 4401-12
E-Mail: info@peters-wvd.de
Home: www.peters-wvd.de

Amtsgericht
Dresden
HRA 10965
USt-IdNr.:
DE 245 344 789

Dresdner Mittelstandsbank
IBAN: DE12 6606 1307 0218 3050 81 ▪ BIC: MIBADE1307
Deutsche Bank
IBAN: DE15 8707 0000 0000 0812 34 ▪ BIC: DEUTDEDB870

Beleg 4

EINGEGANGEN
28. Dez. 20..

Vereinigte Holzwerke GmbH

Holzwerke GmbH • Hohe Bleiche 122 • 01662 Meißen
Büromöbelwerke
Werner Peters GmbH
Postfach 10 15 26
01097 Dresden

Konto | Soll | Haben
Gebucht:

Ihre Bestellung vom: 20..-12-23
Unser Auftrag Nr.: RS 4 500 y
Lieferdatum: 20..-12-26

Name: Ines Keller
Telefon: 03521 54234-21
E-Mail: vertrieb@holzwerke-wvd.de

Datum: 20..-12-27

Rechnung Nr. 7 668

Pos.	Art.-Nr.	Bezeichnung	Anzahl/Einheit	Einzelpreis in €	Gesamtpreis in €
1	SP 521	Spanplatte, natur	300 St.	40,00	12.000,00
2	SP 522	Spanplatte, Nussbaum	240 St.	80,00	19.200,00
3	SP 528	Spanplatte, weiß	400 St.	25,00	10.000,00
		Warenwert			41.200,00
		+ 19 % Umsatzsteuer			7.828,00
		Rechnungsbetrag			**49.028,00**

Zahlungsbedingungen: 10 Tage 2 % Skonto, 30 Tage rein netto

Vereinigte Holzwerke GmbH | Hohe Bleiche 122 | 01662 Meißen| Tel.: 03521 54234-0 | Fax: 03521 54234-32
HRB 125551
Amtsgericht Dresden
Gesch.-führer: Heinz Moll

E-Mail: info@holzwerke-wvd.de
Internet: www.holzwerke-wvd.de

Deutsche Bank Meißen | BIC: DEUTDE8C894
IBAN: DE21 8707 0000 0100 8697 52
UStIdNr.: DE 156 387 298

Beleg 5

IBAN: DE12 6606 1307 0218 3050 81
BIC: MIBADE13

Kontoauszug
Dresdner Mittelstandsbank AG

Datum: ..-12-27 — Ausz.-Nr. 69 — Blatt 1

Buch.-Tag	Erläuterungen		Wert	Umsatz
12-27	Gutschrift		12-27	5.831,00 H
	Heinrichs OHG, Hamburg			
	Re 1 316 vom 21. Dez. ..	5.950,00		
	- 2 % Skonto	119,00		
	(Konto 10 003)			

alter Kontostand: 221.600,00 H
neuer Kontostand: 227.431,00 H

Büromöbelwerke
Werner Peters GmbH
Stauffenbergallee 22-30
01099 Dresden

Konto	Soll	Haben

Gebucht:

Beleg 6

Jutta Kolberg e. Kfr.
Büroausstattung

EINGEGANGEN
28. Dez. 20..

J. Kolberg e. Kfr., Feldstraße 48, 01109 Dresden
Büromöbelwerke
Werner Peters GmbH
Stauffenbergallee 22 – 30
01099 Dresden

Ihre Kunden-Nr.: 12 005
Ihr Auftrag vom: 20..-12-23
Unser Auftrag Nr.:

Sachbearbeitung: Frau Kolberg
E-Mail: kolberg@buero-kolberg-wvd.de
Telefon: 051 14583-12

Lieferdatum: 20..-12-27
Rechnungsdatum: 20..-12-27

Rechnung Nr. 5 689

Pos.	Best.-Nr.	Artikel	Menge/Einheit	Preis je Einheit in €	Betrag in €
1	XZ 40	EDV-Endlospapier blanco	60 Karton	16,00	960,00
2	OR 12	Ringordner, gelb	100 St.	2,40	240,00
		Summe			1.200,00
		+ 19 % Umsatzsteuer			228,00
		Rechnungsbetrag			**1.428,00**

Konto	Soll	Haben

Gebucht:

Jutta Kolberg e. Kfr.
Büroausstattung
Feldstraße 48, 01109 Dresden
Tel.: 051 14583-0, Fax: 051 14583-17
E-Mail: info@buero-kolberg-wvd.de
Internet: www.buero-kolberg-wvd.de
HRA 21112
Amtsgericht Dresden
UStIdNr.:
DE 222 867 551
Commerzbank AG
IBAN: DE45 8504 0000 0215 3435 71
BIC: COBADEFF850

Beleg 7

Netto	€	ct
+ — % USt	€	ct
Gesamt	€ 600	ct 00

Quittung
Nr. KB 286

Gesamtbetrag € in Worten
sechshundert ——— Cent wie oben

(Im Gesamtbetrag sind — % Umsatzsteuer enthalten)

von Geschäftskasse

für Gehaltsvorschuss

an Jana Stitz

richtig erhalten zu haben, bestätigt

Konto | Soll | Haben
Gebucht:

Ort Dresden Datum 29. Dez. ..

Buchungsvermerke

Stempel/Unterschrift des Empfängers
Jana Stitz

Beleg 8

Büromöbelwerke Werner Peters GmbH

Werner Peters GmbH ■ Postfach 10 15 26 ■ 01097 Dresden
Büroausstattungsgroßhandel
Heinrichs OHG
Hohe Straße 44 – 46
21073 Hamburg

Konto | Soll | Haben
Gebucht:

Ihr Zeichen:
Ihre Nachricht von: ..-12-27

Name: W. Leyhausen
Telefon: 051 4401-19
E-Mail: w.leyhausen@peters-wvd.de

Datum: ..12-30

Ihre Mängelrüge

Sehr geehrte Damen und Herren,

auf die von Ihnen zu Recht beanstandete Lieferung vom 23. Dez. .
(Rechnung-Nr. 1 318) erhalten Sie nachträglich einen

Preisnachlass von netto	800,00 €
+ 19 % Umsatzsteuer	152,00 €
gesamt	**952,00 €**

Wir bitten um gleich lautende Buchung.

Mit freundlichen Grüßen

Büromöbelwerke Werner Peters GmbH

ppa. W. Leyhausen

Waldemar Leyhausen

Beleg 9

Deutsche Telefongesellschaft AG

Deutsche Telefongesellschaft AG
90426 Nürnberg

DV 12 0,70
Büromöbelwerke
Werner Peters GmbH
Stauffenbergallee 22–30
01099 Dresden

Datum	: **..-12-22**
Seite	: **1 von 4**
Kundennummer	: **398 100 6725**
Rechnungsnummer	: **913 685 3071**
Ihr Buchungskonto	: **476 020 3775**
Infos zur Rechnung	: **www.telefonag.de/ hilfe-rechnung**
Info-Telefon	: **0800 4440004**

Rechnung für Dezember 20..

Leistungen	Beträge in EUR
monatliche Beträge	33,36
nutzungsabhängige Beträge	937,40
Beträge von Drittanbietern	4,24
Summe	975,00
19 % Umsatzsteuer	185,25
Rechnungsbetrag	**1.160,25**

Der Rechnungsbetrag wird ab dem 7. Tag
nach Zugang dieser Rechnung von Ihrem Konto
IBAN: DE12 6606 1307 0218 3050 81, BIC: MIBADE1307 abgebucht.

Weitere Informationen finden Sie auf der Rückseite.

Kontoauszug zu den Belegen 9–11

IBAN: DE12 6606 1307 0218 3050 81
BIC: MIBADE13

Kontoauszug
Dresdner Mittelstandsbank AG

Datum: ..-12-30 Ausz.-Nr. 70 Blatt 1

Buch.-Tag	Erläuterungen	Wert	Umsatz
12-30	Lastschrift Telefonrechnung	12-28	1.160,25 S
12-30	Überweisung Chemische Werke, Leverkusen **(Belegbuchung 10)** Re 5500 vom 9. Dez. .. (Konto 60 002)	12-30	21.420,00 S
12-30	Überweisung K. Seibold, Dresden **(Belegbuchung 11)** Rechnung vom 18. Dez. ..	12-30	450,00 S
	alter Kontostand:		227.431,00 H
	neuer Kontostand:		204.400,75 H

Büromöbelwerke
Werner Peters GmbH
Stauffenbergallee 22–30
01099 Dresden

zu Beleg 11

€uro-Überweisung

Dresdener Mittelstandsbank AG

Nur für Überweisungen in Deutschland, in andere EU-/EWR-Staaten und in die Schweiz in Euro.
Bitte Meldepflicht gemäß Außenwirtschaftsverordnung beachten!

Angaben zum Begünstigten: Name, Vorname/Firma (max. 27 Stellen, bei maschineller Beschriftung max. 35 Stellen)
K. Seibold, Dresden

IBAN
DE62870700000121245416

BIC des Kreditinstituts (8 oder 11 Stellen)
DEUTDEDB870

Betrag: Euro, Cent
450,00

Kunden-Referenznummer - Verwendungszweck, ggf. Name und Anschrift des Überweisenden - (nur für Begünstigten)
Miete Parkplätze

noch Verwendungszweck (insgesamt max. 2 Zeilen à 27 Stellen, bei maschineller Beschriftung max. 2 Zeilen à 35 Stellen)
für Dezember

Angaben zum Kontoinhaber: Name, Vorname/Firma, Ort (max. 27 Stellen, keine Straßen- oder Postfachangaben)
Büromöbelwerke W. Peters

IBAN
DE13066061307218305081 16

€URO-ÜBERWEISUNG (SEPA)

Datum
..-12-28

Unterschrift(en)
Werner Peters

Beleg 12

CHEMISCHE WERKE GmbH Leverkusen

EINGEGANGEN
28. Dez. 20..

Chemische Werke GmbH
Grüner Weg 44 – 50 • 51375 Leverkusen
Büromöbelwerke
Werner Peters GmbH
Stauffenbergallee 22 – 30
01099 Dresden

Konto	Soll	Haben

Gebucht:

Ihr Auftrag vom: 20..-12-20
Ihre Kunden-Nr.: 14 009
Lieferung vom: 20..-12-22

Ihr Ansprechpartner: Kevin Keller
Telefon: 0214 22867-33
Telefax: 0214 22867-21
E-Mail: keller.k@chemiwe-wvd.de

Rechnungsdatum: 20..-12-27

RECHNUNG Nr. 5 582

Pos.	Art.-Nr.	Bezeichnung	Menge/Einh.	Einzelpreis in €	Gesamtpreis in €
1	KZ 4 000	Kleber	40 Gebinde	110,00	4.400,00
2	FL 3 800	Farbe	30 Gebinde	40,00	1.200,00
		Summe			5.600,00
		+ 19 % Umsatzsteuer			1.064,00
		Rechnungsbetrag			**6.664,00**

Chemische Werke GmbH • Grüner Weg 44 – 50 • 51375 Leverkusen • Tel.: 0214 22867-0 • Fax: 0214 22867-21

E-Mail: vertrieb@chemiwe-wvd.de
Internet: www.chemiwe-wvd.de

USt-IdNr.: DE 223 459 886
Steuer-Nr.: 065 321 41138

Amtsgericht Leverkusen HRB 52236
Geschäftsführer: Nils von Argon-Bor

Bankverbindung: Postbank Köln
IBAN: DE47 3701 0050 0263 8455 78
BIC: PBNKDEFF370

Beleg 13

Jutta Kolberg e. Kfr.
Büroausstattung

EINGEGANGEN
30. Dez. 20..

J. Kolberg e. Kfr., Feldstraße 48, 01109 Dresden
Büromöbelwerke
Werner Peters GmbH
Stauffenbergallee 22 – 30
01099 Dresden

Ihre Kunden-Nr.: 12 005
Ihr Auftrag vom: 20..-12-22
Unser Auftrag Nr.:

Sachbearbeitung: Frau Kolberg
E-Mail: kolberg@buero-kolberg-wvd.de
Telefon: 051 14583-12

Lieferdatum: 20..-12-28
Rechnungsdatum: 20..-12-29

Rechnung Nr. 6 001

Pos.	Best.-Nr.	Artikel	Menge/Einheit	Preis je Einheit in €	Betrag in €
1	PP 200	Epson Tower	4 Stück	1.200,00	4.800,00
2	TD 3	Tastatur	4 Stück	125,00	500,00
3	C 11	Farbmonitor	4 Stück	475,00	1.900,00
		Summe			7.200,00
		+ 19 % Umsatzsteuer			1.368,00
		Rechnungsbetrag			**8.568,00**

Konto	Soll	Haben

Gebucht:

Jutta Kolberg e. Kfr.
Büroausstattung
Feldstraße 48, 01109 Dresden
Tel.: 051 14583-0, Fax: 051 14583-17
E-Mail: info@buero-kolberg-wvd.de
Internet: www.buero-kolberg-wvd.de
HRA 21112
Amtsgericht Dresden
UStIdNr.:
DE 222 867 551
Commerzbank AG
IBAN: DE45 8504 0000 0215 3435 71
BIC: COBADEFF850

Beleg 14

Quittung
Nr. KB 287

Netto € 550 ct 00
+ 19 % USt € 104 ct 50
Gesamt € 654 ct 50

Gesamtbetrag € in Worten
sechshundertvierundfünfzig —— Cent wie oben

(Im Gesamtbetrag sind 19 % Umsatzsteuer enthalten)

von Martin Hadeland

für Barverkauf einer gebrauchten Schreibtischkombination

Konto	Soll	Haben

Gebucht:

Ort Dresden Datum 30. Dez.

Buchungsvermerke

Stempel/Unterschrift des Empfängers
Werner Peters

Belege 15 und 16

Buchungsanweisung	Datum: ..-12-31		Beleg-Nr.	
Betreff: Gehaltsabrechnung			Gebucht: ..-12-30 Datum: Dezember	
Buchungstext	Soll		Haben	
	Konto	Betrag	Konto	Betrag
15 SV-Bankeinzug .... 6.646,00 Bruttogehälter ...... 20.203,00 Abzüge: Lohn- und Kirchenst. 3.203,00 SV-Beiträge......... 3.338,00 Vorschüsse.......... 2.300,00 16 Auszahlung (Bank).... 11.362,00 Arbeitgeberanteil.... 3.308,00				

Kontoauszug zu den Belegen 15–17 (siehe Fußnote)

IBAN: DE12 6606 1307 0218 3050 81
BIC: MIBADE13

Kontoauszug
Dresdner Mittelstandsbank AG

Datum: ..-12-30 Ausz.-Nr. 71 Blatt 1

Buch.-Tag	Erläuterungen	Wert	Umsatz
12-30	Abbuchung AOK Dresden SV-Beiträge Dezember .	12-30	6.646,00 S
12-30	Gehälter Dezember ..	12-29	11.362,00 S
12-30	Dauerauftrag Darlehen[1]	12-30	450,00 S
	alter Kontostand:		204.400,75 H
	neuer Kontostand:		167.892,75 H

Konto	Soll	Haben
Gebucht:		

Konto	Soll	Haben
Gebucht:		

Konto	Soll	Haben
Gebucht:		

Konto	Soll	Haben
Gebucht:		

Büromöbelwerke
Werner Peters GmbH
Stauffenbergallee 22-30
01099 Dresden

1 Beleg 17: DA = Dauerauftrag für Darlehenstilgung

Beleg 18

Büromöbelwerke Werner Peters GmbH

Werner Peters GmbH ▪ Postfach 10 15 26 ▪ 01097 Dresden
Möbelgroßhandel
Hilgendorf KG
Kölner Straße 50 – 54
51379 Leverkusen

Rechnung-Nr.: 1 320
Kunden-Nr.: 10 004
Lieferdatum: ..-12-27

Bitte bei Zahlung angeben!

Name: Frau Steege
Telefon: 051 4401-17
E-Mail: l.steege@peters-wvd.de

Datum: ..12-29

Rechnung

Menge	Einheit	Bezeichnung	Einzelpreis (€)	Gesamtpreis (€)
2	Serie	Chefzimmer SL 405	18.200,00	36.400,00
8	Stück	Konferenztisch KS 380	1.200,00	9.600,00
64	Stück	Bürostuhl ST 602	112,50	7.200,00
		Warenwert		53.200,00
		Umsatzsteuer 19 %		10.108,00
		Rechnungsbetrag		**63.308,00**

Konto	Soll	Haben
Gebucht:		

Werner Peters GmbH
Stauffenbergallee 22 – 30
01099 Dresden
Tel.: 051 4401-0 ▪ Fax: 051 4401-12
E-Mail: info@peters-wvd.de
Home: www.peters-wvd.de

Amtsgericht
Dresden
HRA 10965
USt-IdNr.:
DE 245 344 789

Dresdner Mittelstandsbank
IBAN: DE12 6606 1307 0218 3050 81 ▪ BIC: MIBADE1307
Deutsche Bank
IBAN: DE15 8707 0000 0000 0812 34 ▪ BIC: DEUTDEDB870

Beleg 19

IBAN: DE12 6606 1307 0218 3050 81
BIC: MIBADE13

Kontoauszug
Dresdner Mittelstandsbank AG

Datum: ..-12-31 Ausz.-Nr. 72 Blatt 1

Buch.-Tag	Erläuterungen		Wert	Umsatz
12-31	Gutschrift		12-31	11.662,00 H
	Gruppe OHG, Karlsruhe			
	Re 1 315 vom 21. Dez. ..	11.900,00		
	- 2 % Skonto	238,00		
	(Konto 10 002)			

Büromöbelwerke
Werner Peters GmbH
Stauffenbergallee 22-30
01099 Dresden

Konto	Soll	Haben
Gebucht:		

alter Kontostand: 166.692,75 H
neuer Kontostand: 178.354,75 H

Belege 20, 21 und 22

IBAN: DE12 6606 1307 0218 3050 81
BIC: MIBADE13

Kontoauszug
Dresdner Mittelstandsbank AG

Datum: ..-12-31 | Ausz.-Nr. 73 | Blatt 1

Buch.-Tag	Erläuterungen		Wert	Umsatz
12-31	Überweisung Vereinigte Holzwerke GmbH, Meissen **(Belegbuchung 21)** Re 7 456 vom 20. Dez. .. – 2 % Skonto (Konto 60 004)	 17.850,00 357,00	12-31	17.439,00 S
12-31	Einzahlung **(Belegbuchung 22)**		12-31	1.500,00 H
12-31	Kontogebühren **(Belegbuchung 23)**		12-31	72,00 S

alter Kontostand: 178.354,75 H
neuer Kontostand: 162.289,75 H

Büromöbelwerke
Werner Peters GmbH
Stauffenbergallee 22-30
01099 Dresden

(Kontierungsstempel: Konto | Soll | Haben | Gebucht:)

zu Beleg 21

Dresdner Mittelstandsbank AG

Empfangsbescheinigung
über Bar-Einzahlung auf eigenes Konto

Kontonummer	Kontoinhaber
218 305 081	Büromöbelwerke Werner Peters GmbH

Betrag: Euro, Cent
1.500,00------

..-12-31 1.500,00

Dresdner Mittelstandsbank AG

Für den Einzahlungstag und den Betrag ist der Maschinendruck maßgebend.

Situation

Für die vorbereitenden Abschlussbuchungen liegen Ihnen folgende Abschlussangaben aus der Buchhaltung vor:

1. **Abschreibungen** auf — €
   - Technische Anlagen und Maschinen 85.000,00
   - Andere Anlagen/Betriebs- und Geschäftsausstattung 35.000,00
2. **Bestandsveränderungen lt. Inventur** — €
   - Mehrbestand an Rohstoffen 25.000,00
   - Minderbestand an Hilfsstoffen 2.000,00
   - Minderbestand an unfertigen Erzeugnissen 5.000,00
   - Mehrbestand an fertigen Erzeugnissen 25.000,00
3. **Zeitliche Abgrenzungen**
   - Die Furnierpresse muss im Januar nächsten Jahres dringend überholt werden. Der Kostenvoranschlag beträgt 15.000,00 €.
   - Die Geschäftsmiete für Januar nächsten Jahres in Höhe von 20.000,00 € wurde bereits am 23. Dezember .. von den Büromöbelwerken überwiesen.
   - Die Darlehenszinsen für das zweite Halbjahr in Höhe von 12.000,00 € werden erst Anfang Januar nächsten Jahres bezahlt.
4. Im Übrigen entsprechen die Buchwerte den Inventurwerten zum 31. Dezember ..

ARBEITSAUFTRÄGE

3. Nennen Sie die Buchungssätze für die vorbereitenden Abschlussbuchungen (Grundbuch, S. 182/183) und führen Sie diese gemäß den Buchungsanweisungen (Belege 23 bis 34) und den Ihnen vorliegenden Abschlussangaben durch.

Beleg 23

Buchungsanweisung	Datum: ..-12-31			Beleg-Nr.
Betreff: Abschreibungen auf Sachanlagen lt. Anlagenkartei				Gebucht: Datum:
Buchungstext	Soll		Haben	
	Konto	Betrag	Konto	Betrag
Abschreibungen auf SA				
- TA und Maschinen				
- Andere Anlagen/BGA				

Belege 24–31

Buchungsanweisung	Datum: ..-12-31			Beleg-Nr.
Betreff: Umbuchungen/Vorbereitende Abschlussbuchungen				Gebucht: Datum:
Buchungstext	Soll		Haben	
	Konto	Betrag	Konto	Betrag
24 2600 Vorsteuerübertragung........				
25 5001 Erlösberichtigungen.........				
26 6001 Bezugskosten für Rohstoffe..				
27 6002 Nachlässe für Rohstoffe.....				
28 2000 Mehrbestand an Rohstoffen...				
29 2020 Minderbestand an Hilfsst....				
30 2100 Minderbestand an unf. Erz...				
31 2200 Mehrbestand an fert. Erz....				

Belege 32–34

Buchungsanweisung	Datum: ..-12-31			Beleg-Nr.
Betreff: Zeitliche Abgrenzungen				Gebucht: Datum:
Buchungstext	Soll		Haben	
	Konto	Betrag	Konto	Betrag
32 Rückstellung für Reparatur der Furnierpresse lt. Kostenvoranschlag: 15.000,00 €				
33 Unsere Mietvorauszahlung für Januar n. J.: 20.000,00 €				
34 Fällige Darlehenszinsen werden im Januar n. J. gezahlt: 12.000,00 €				

Grundbuch (Journal)

AR (Ausgangsrechnung)
ER (Eingangsrechnung)
BA (Bankauszug)
PA (Postbankauszug)
KB (Kassenbeleg)
SB (Sonstige Belege)
PE (Privatentnahmebeleg)

Datum	Beleg	Buchungstext	Kontierung		Betrag	
			Soll	Haben	Soll	Haben

Datum	Beleg	Buchungstext	Kontierung		Betrag	
			Soll	Haben	Soll	Haben

Hauptbuch

0700 TA und Maschinen

S	H
912.280,00	

0800 Andere Anlagen/BGA

S	H
230.000,00	

2000 Rohstoffe

S	H
85.000,00	

2020 Hilfsstoffe

S	H
12.000,00	

2100 Unfertige Erzeugnisse

S	H
25.000,00	

2200 Fertige Erzeugnisse

S	H
30.000,00	

2400 Forderungen a. LL

S	H
119.000,00	

2600 Vorsteuer

S	H
71.460,00	

2640 SV-Vorauszahlung

S	H

2650 Forderungen an Mitarbeiter

S	H
5.800,00	

2800 Bank

S	H
315.000,00	

2880 Kasse

S	H
18.540,00	

2900 Aktive Rechnungsabgrenzung

S	H

3000 Eigenkapital

S	H
	720.000,00

3900 Sonstige Rückstellungen

S	H
	50.200,00

4250 Darlehensschulden

S	H
	283.200,00

4400 Verbindlichkeiten a. LL

S	H
	160.412,00

S	4800 Umsatzsteuer H
	259.768,00

S	4830 FB-Verbindlichkeiten H

S	4890 Sonstige Verbindlichkeiten H
	45.600,00

S	5000 Umsatzerlöse für eigene Erzeugnisse H
	1.385.000,00

S	5001 Erlösberichtigungen für eigene Erzeugnisse H
22.600,00	

S	5200 Bestandsveränderungen H

S	6000 Aufwendungen für Rohstoffe H
364.800,00	

S	6001 Bezugskosten für Rohstoffe H
12.400,00	

S	6002 Nachlässe für Rohstoffe H
	8.700,00

S	6020 Aufwendungen für Hilfsstoffe H
78.000,00	

S	6160 Fremdinstandhaltung H
16.600,00	

S	6200 Löhne H
152.000,00	

S	6300 Gehälter H
90.400,00	

S	6400 Soziale Abgaben H
44.600,00	

S	6520 Abschreibungen auf Sachanlagen H

S	6700 Mietaufwendungen H
260.000,00	

S	6750 Kosten des Geldverkehrs H
300,00	

S	6800 Büromaterial H
5.500,00	

S	6820 Portokosten H
3.400,00	

S	6830 Kosten der Telekommunikation H
6.200,00	

S	7510 Zinsaufwendungen H
32.000,00	

S	8020 Gewinn- und Verlustkonto H

S	8010 Schlussbilanzkonto H

Kontokorrentbuch (Personenkonten)

Kundenkonten (Debitoren):

S **10001 Karlsmann AG** H

Datum	Nr. der Ausgangsrechnung		Datum	AR-Zahlungsausgleich	
..-12-10	1 298	14.875,00			
..-12-16	1 305	833,00			
..-12-18	1 313	8.092,00			

S **10002 Gruppe OHG** H

Datum	Nr. der Ausgangsrechnung		Datum	AR-Zahlungsausgleich	
..-12-21	1 315	11.900,00			
..-12-23	1 317	41.650,00			

S **10003 Heinrichs OHG** H

Datum	Nr. der Ausgangsrechnung		Datum	AR-Zahlungsausgleich	
..-12-21	1 316	5.950,00			
..-12-23	1 318	11.900,00			

S **10004 Hilgendorf KG** H

Datum	Nr. der Ausgangsrechnung		Datum	AR-Zahlungsausgleich	
..-12-12	1 301	2.380,00			
..-12-21	1 314	11.900,00			

S **10005 Busch OHG** H

Datum	Nr. der Ausgangsrechnung		Datum	AR-Zahlungsausgleich	
..-12-10	1 299	2.142,00			
..-12-17	1 312	7.378,00			

Lieferantenkonten (Kreditoren):

S **60001 Chromstahl GmbH** H

Datum	ER-Zahlungsausgleich		Datum	Nr. der Eingangsrechnung	
			..-12-23	4567	29.750,00

S **60002 Chemische Werke GmbH** H

Datum	ER-Zahlungsausgleich		Datum	Nr. der Eingangsrechnung	
			..-12-09	5500	21.420,00
			..-12-21	5567	20.230,00

S **60003 Schneider KG** H

Datum	ER-Zahlungsausgleich		Datum	Nr. der Eingangsrechnung	
			..-12-15	8765	38.080,00

S **60004 Holzwerke GmbH** H

Datum	ER-Zahlungsausgleich		Datum	Nr. der Eingangsrechnung	
			..-12-20	7654	17.850,00
			..-12-23	7660	33.082,00

S **60005 Jutta Kolberg e. Kffr.** H

Datum	ER-Zahlungsausgleich		Datum	Nr. der Eingangsrechnung	

ARBEITSAUFTRÄGE

4 Erstellen Sie den Jahresabschluss für die Büromöbelwerke Werner Peters GmbH zum 31. Dezember .., indem Sie im Rahmen der Abschlussbuchungen die Ertrags- und Bestandskonten sowie das Gewinn- und Verlustkonto abschließen.

5 Erstellen Sie die Saldenlisten für die Debitoren und die Kreditoren und stimmen Sie diese mit den Sachkonten 2400 und 4400 ab.

Saldenliste der Kundenkonten	
10001 Karlsmann AG	
10002 Gruppe OHG	
10003 Heinrichs OHG	
10004 Hilgendorf KG	
10005 Busch OHG	
Saldensumme	

Saldenliste der Lieferantenkonten	
60001 Chromstahl GmbH	
60002 Chemische Werke GmbH	
60003 Schneider KG	
60004 Holzwerke GmbH	
60005 Jutta Kolberg e. Kffr.	
Saldensumme	

6 Bereiten Sie für die Geschäftsführung der Büromöbelwerke Werner Peters GmbH eine ordnungsgemäß gegliederte Bilanz zum 31. Dezember .. sowie eine Gewinn- und Verlustrechnung für den Zeitraum vom 01. Januar bis zum 31. Dezember .. vor.

Bilanzbuch

Aktiva **Schlussbilanz zum 31. Dezember ..** **Passiva**

Gewinn- und Verlustrechnung vom 01. Januar bis 31. Dezember ..

7 Ermitteln und beurteilen Sie die Rendite des Eigenkapitals, indem Sie den Gewinn der Büromöbel Werner Peters GmbH ins Verhältnis zum durchschnittlichen Eigenkapital setzen.